深圳
行业发展报告
2024

陈宪————

主编

   安泰经管学院 ANTAI COLLEGE Economics·Management | 上海交通大学 行业研究院

 上海交通大学出版社 SHANGHAI JIAO TONG UNIVERSITY PRESS

上海交通大学行业研究院行研成果丛书

内容提要

  本书是上海交通大学深圳行业研究院的第二本年度报告。全书聚焦深圳行业高质量发展的态势与趋势,剖析行业发展中的创新、产业和区域三大合力。从"人、财、物"维度深入解读人力资源、创业投资、物流与供应链行业,从"深圳特色"维度分析工业设计与产业园区行业。此外,本书还阐述了深圳在科技创新和产业创新方面的成果,总结了深圳培育新质生产力的经验,揭示了深圳从"产业创新"迈向"中国创新第一城"的发展路径。本书适合致力于行业研究和实践的人士阅读。

图书在版编目(CIP)数据

  深圳行业发展报告. 2024 / 陈宪主编. -- 上海 ：
上海交通大学出版社，2025. 4. -- ISBN 978 - 7 - 313
- 32551 - 8
  Ⅰ. F269. 276.53
  中国国家版本馆 CIP 数据核字第 2025D1N460 号

深圳行业发展报告 2024

SHENZHEN HANGYE FAZHAN BAOGAO 2024

主 编：陈 宪
出版发行：上海交通大学出版社   地 址：上海市番禺路 951 号
邮政编码：200030   电 话：021 - 64071208
印 制：苏州市越洋印刷有限公司   经 销：全国新华书店
开 本：710 mm×1000 mm 1 / 16 印 张：9
字 数：129 千字
版 次：2025 年 4 月第 1 版   印 次：2025 年 4 月第 1 次印刷
书 号：ISBN 978 - 7 - 313 - 32551 - 8
定 价：78.00 元

致　谢

本书是上海交通大学行业研究院深圳产业园区行业研究团队的研究成果之一，并得到上海交通大学行业研究院和安泰研究成果基金资助。

安泰研究成果基金是由上海交通大学安泰经济与管理学院 EMBA 2014 级张刚、EMBA 2008 级田广、EMBA 2011 级袁莉莉、EMBA 2013 级袁中华、EMBA 2020 级吕志方、EMBA 2015 级田庭峰等校友发起捐赠设立的，用于支持学院科研成果、教学案例的出版发行，指数的发布、展示和研讨等。

序

　　管理学是一门实践性很强的学科。我们在企业管理实践的基础之上，通过总结经验、提炼打磨，最终形成一套完整的管理理论体系。理论再回到实践，指导实践，同时也接受实践的检验。在这个周而复始的过程中，理论和实践都不断得到提升。一个健康的商学生态就是这样一个理论与实践紧密联系、相互促进的共同体。

　　在现实中，情况并非如此。由于多年来形成的商学院/管理学院"象牙塔"文化，研究管理学的学者们往往远离实际，热衷于研究学界公认的"重要管理问题"，而对于研究的实际意义或价值通常都是"pay a lip service"（说辞）。这里面的原因当然有许多，但最重要的是学界所采用的评价体系中几乎没有任何来自企业实践的声音。我们在教学过程中，经常会听到学生或企业经营者的批评，指责管理学理论严重脱离管理实践。他们的批评不是没有道理的。

　　为了彻底改变商学院的"象牙塔"文化，上海交通大学安泰经济与管理学院（以下简称安泰经管学院）于 2018 年提出了"纵横交错，知行合一"的发展战略，旨在横向的学术研究基础之上，增加纵向的"行业研究"，形成学术研究与行业研究相互影响、相互促进的新局面，最终构建一个纵横交错的商学新生态。因此，行业研究成为学界一种新的"知识创造"，学界可以通过这个抓手，保持与业界的紧密联系。

　　令人欣慰的是，安泰经管学院的行业研究战略，一经提出，立刻受到了广大师生的大力支持。目前，已经有许多师生参与到行业研究的工作中来，他们的工作既服务了行业的发展，又滋养了学院的科研与教学，正在润物细无声地改变着学院的文化。

安泰经管学院一直以来都十分关注深圳乃至大湾区的发展，于 1993 年就在深圳设立了 MBA 教学点，在过去 30 多年中为大湾区培养了一大批优秀的经管人才。当然，学院的改革春风也吹到了深圳，深圳行业研究院应运而生。我们希望未来通过深圳行业研究院这个平台，让学院的科学研究和人才培养都能够跟大湾区的产业发展紧密地连接起来，也希望我们的行业研究成果能够为大湾区的产业发展贡献一份力量。

《深圳行业发展报告 2024》是深圳行业研究院的一项重要年度成果。本书主编陈宪教授是国内较早涉入创新和产业生态研究的学者，为国家在这个领域的改革发展提出过积极建议。现在，他在交大深圳行业研究院从事与深圳和大湾区有关的行业研究，一直致力于广泛的一线调研，深化创新和产业生态的研究。本书在对深圳行业高质量发展的态势和趋势进行分析的基础上，选择了人力资源行业、创业投资行业、物流与供应链行业、工业设计行业和产业园区行业，从回顾、比较和前瞻等角度，对这些行业的发展做了全景式阐述和展望。相信本书将对深圳乃至大湾区的产业和城市发展产生积极的影响。

是为序。

陈方若

2025 年 3 月 2 日

前　言

　　2024年第一个工作日——1月2日上午,我受邀在上海交通大学党委中心组学习会上做了题为《大院大所与科技型企业有效合作强化企业自主创新地位》的发言。这个讲题反映了我在深圳工作期间的深刻体会。我认为,企业尤其是民营企业自主创新,是深圳经济发展和产业发展的底层逻辑。中央经济工作会议提出的2024年经济工作九项任务之首,是"以科技创新引领现代化产业体系建设"。显然,实现这个任务的微观选择是强化企业自主创新主体地位。这里的企业主要指科技型企业。科技型企业通过完善创新链,专注于做应用基础研究和开发试验研究,并通过与一流的大院大所合作,建立企业主导的研究机构,同时建立有效的激励机制,是强化企业自主创新主体地位的基本途径。作为一位经济学者,我特别强调企业自主创新的经济学意义在于,创新的试错成本很高,只有企业才能承担这个成本,为这个成本买单。同时,企业也会在创新中获得超额利润,积累持续创新的实力。这个发言开了一个好头,我2024年的工作和发表的文章几乎都与此有关。

　　2023年末,完成《深圳行业发展报告2023》(上海交通大学出版社,2024年8月)全部书稿,交付出版后,我即开始考虑和策划《深圳行业发展报告2024》。首先需要改变的是《深圳行业发展报告2023》的"宏大叙事"。我的想法是,从"人、财、物"和"深圳特色"的角度选择几个行业,在开展比较深入调研的基础上撰写研究报告。这些行业分别是人力资源行业、创业投资行业、物流与供应链行业、工业设计行业和产业园区行业。前三个行业是"人、财、物"相关行业,后两个行业是"深圳特色"行业。再写一个相当于总论的"深圳行业高质量发展的态势与趋势",全书就"大功告成"了。

2024 年是我在深圳行业研究院工作的第二年,除了组织行业发展报告的调研和撰写工作外,我主持了《中国大城强城指数(第 2 版)》的编制和发布工作。《中国大城强城指数(第 2 版)》对 2022 年 6 月发布的《中国大城强城指数》的指标体系做了调整和完善,主要突出了反映城市民生和生态的指标。指标体系调整后,大部分城市排名没有显著变化,或基本没有变化,这说明指标体系的改进是完善性的。《中国大城强城指数》与《中国大城强城指数(第 2 版)》排名前三位的城市位次发生了微妙的变化,深圳从上次的第三上升为这次的第一,北京和上海从上次的并列第一,到这次分别位列第三和第二。由此表明,深圳近两年的经济表现相对更好,在民生和生态方面的表现好于京沪。

上海交通大学中国发展研究院城市发展报告《强城时代:高质量发展的中国城市格局》(中信出版社,2023 年 5 月)出版后,在陆铭教授的主持下,我和几位同事即开始《创新之城:谁在引领强城时代》(机械工业出版社,2024 年 9 月)的创作工作,并将城市发展报告改为更加灵活的城市发展丛书。之所以如此之快地开始第二本书的创作,是因为我们在 2023 年编制并发布了《全球城市产业创新指数》,深圳在这个指数的排名也位列第一,由此可以展开的创新之城、中国创新第一城的话题和内容很多。2024 年 8 月 28 日,我们在深圳同时发布了《创新之城:谁在引领强城时代》和《中国大城强城指数(第 2 版)》,引起了较大的社会反响。此后,在 2024 年深圳书展,深圳行业研究院又联手机械工业出版社,举办了新书发布会,主题是"深圳培育新质生产力的伟大实践——从'产业创新'到'中国创新第一城'"。

2024 年,我和深圳报业集团下属的深商智库的 2 位记者做了一项很有意义的工作。为了落实深圳市委宣传部开展"中国式现代化的先行示范·融通大湾区"主题宣传,由深圳报业集团、宝安区委宣传部联合主办"新质生产力 链动大湾区"高质量发展调研行。我代表上海交通大学深圳行业研究院深度参与了这项工作,与企业家代表、不同地区以及驻区媒体代表、自媒体大 V 等组成高质量发展调研团,沿着深中通道走进大湾区城市群,在湾区视野下解码新质生产力,展现深圳融通大湾区、链接世界的时代画卷。这个调研行的呈现形式是《顶流面对面》视频访谈节目。这两位记者先后采访了陈方若院长、陆铭教授和我,推出《对话陈方若:优质产业生态是中国制造业的重要家底》《对话陆铭:发展制造业还是服务业,这不是一道单选题》《对话陈宪:深中通道五大效应重绘大湾区经济版图》3 个专访,为区域发展和产业发展提供了专业的建议。视频节目先后上榜今日头条全国财经榜第二名,观看总量突破 5 000 万次,并受到深圳市领导的肯定。

2024 年,我在《解放日报》发表了 2 篇演讲稿:第一篇是我在深圳行业研究院的演讲《从城市到都市圈　形成高质量创新和产业集群》(《解放日报》,2024 - 01 - 30),《光明网》转载了这篇演讲;第二篇是我在国家发展改革委人才培训项目的演讲《培育雨林型创新产业生态》(《解放日报》,2024 - 10 - 29)。

我还接受了几次专访:《南方财经》的专访《深圳应把更多科研机构设在企业里,按市场化机制运营》(2024 - 01 - 31),《深圳商报》的专访《产业和科技互促双强,这就是深圳》(2024 - 02 - 26),《21 世纪经济报道》的专访《"中部地区崛起"20 年,高起点上如何形成更大合力?》(2024 - 04 - 24),《深圳商报》的专访《深中通道将重绘大湾区经济版图》(2024 - 05 - 22),《每日经济新闻》的专访《成都东部新区讲述成都现代服务业和先进制造业融合的重要承载地》(2024 - 08 - 05),《新京报》的专访《国家重大技术攻关,让有能力的民企"牵头"很重要》(2024 - 08 - 13)。

这一年发表的主要文章有:《为什么科技型企业自主创新很重要》(《每日经济新闻》,2024 - 01 - 18),《中国经济回升动力源在企业自主创新》(《每日经济新闻》,2024 - 01 - 29),《科技型企业自主创新是新质生产力的不竭源泉》(《成都日报》,2024 - 02 - 23),《深圳正在形成一个"大虹桥"》(《读创深圳》,2024 - 03 - 03),《金融高质量发展助力增加居民财产性收入》(《每日经济新闻》,2024 - 03 - 06),《加快都市圈统计制度建设与实施》(《21 世纪经济报道》,2024 - 03 - 15),《加快形成推动中部地区崛起的更大合力》(《中国青年报》,2024－03－31),《深中通道助推大湾区经济均衡发展》(《深圳特区报》,2024－06－25),《服务消费扩容升级要有钱又有闲》(《每日经济新闻》,2024－08－01),《在基层观察中国经济》(经济学家茶座,2024－08－26),《促进文旅消费持续繁荣需深挖需求与创新供给》(《每日经济新闻》,2024－09－29),《内卷是退化不是竞争》(《每日经济新闻》,2024－10－27),《国家级新区引领现代化产业体系建设》(《成都日报》,2024－12－18),《以科技创新引领新质生产力发展 深圳研发投入实践值得借鉴》(《每日经济新闻》,2024－12－19)。

2024 年初以来,因为较多时间在深圳,电视台记者找我方便了,我接受了深圳卫视《直财经》《深视新闻》等栏目的多次采访,还接受了央视在深圳记者的多次访谈。

对我个人来说,2024 年有一件大事。春节后,我和家人入住深圳的新居,正式迁移到深圳,以后每年的大部分时间将住在深圳。我正在写一篇回忆文章《我的四次迁移》,从上海迁移到深圳,是我人生的第四次迁移。前三次分别是:因为知识青年上山下乡,从上海市迁移到江西省靖安县;因为招工,从靖安县迁移到南昌市,到南昌铁路局公安处工作;因为调入上海大学工作,举家从南昌市迁移到上海市。能够在年近古稀之时,再完成一次迁移,实在是人生的一大幸事。这对我参与深圳行业研究院的工作有很大的帮助。

本书由上海交通大学深圳行业研究院的研究团队共同完成。我负责第 1 章、第 6 章的撰写;安泰经管学院深圳 MBA 项目校友刘果负责第 2 章的撰写;深圳行业研究院兼职研究员汪志强负责第 3 章、第 5 章的撰写;深圳行业研究院研究人员卢玮负责第 4 章的撰写。深圳行业研究院研究助理李泽辉、张小芳也参与了本书的相关工作。

2024 年 12 月 31 日

目　录

1

深圳行业高质量发展的态势与趋势

2024 年,深圳交出了一张骄人的成绩单:深圳的地区生产总值(GDP)为 36 801.87 亿元,继续保持中国城市经济总量第三的位置,同比增长 5.8%,高于全国水平 0.8 个百分点;规上工业总产值为 54 064.45 亿元,连续两年为中国工业第一城,同比增长 9.7%;全社会研发投入为 2 236.61 亿元,占地区生产总值的比重达到了 6.08%,首次实现总量和强度居全国大中城市双第二,其中企业研发投入占比高达 93.3%。2023 年,深圳战略性新兴产业增加值为 14 489.68 亿元,比上年增长 8.8%,占地区生产总值的比重为 41.9%,增长率与占比均位列一线城市首位。截至 2024 年末,深圳的常住人口为 1 798.95 万人,同比增加 19.94 万人,增长率为 1.12%。

深圳出色的经济表现,建立在行业(产业)发展的基础上。一个时期以来,深圳行业发展初步形成了三个特征性事实——形成创新合力,企业自主创新主导地位更加突出;形成产业合力,加速建设现代化产业体系;形成区域合力,创新和产业区域协同取得实质性突破。可以预见,深圳的产业创新将继续在全国领跑,产业创新将反哺和推动科技创新,确立"中国创新第一城"的地位;深圳在"深港穗"创新集群中将担纲重要使命,为大湾区产业高质量发展、现代化产业体系建设做出更大的贡献。

1.1 深圳行业发展的三个特征性事实

深圳行业发展的特征性事实与深圳的创新模式密切相关。不同于北京、上海的"大院大所"模式,深圳的创新模式从一开始就"铸"上了"自主创新"四个字。深圳行业发展的特征性事实,从创新合力、产业合力,再到区域合力,主要是在自主创新的影响下形成的。

1.1.1 形成创新合力,企业自主创新主导地位更加突出

深圳的创新合力源于企业的自主创新。2020 年 9 月,新华社 2 位记者写了一篇报道《企业唱主角——深圳"6 个 90％"的创新密码》。他们写道:"在珠江入海口东岸,深圳这座拥有超过 300 万商事主体的都市,4.2％的研发投入占比达到世界先进水平,数百万企业形成了'6 个 90％'的独特创新现象:90％以上的创新型企业是本土企业,90％以上的研发机构设立在企业,90％以上的研发人员集中在企业,90％以上的研发资金来源于企业,90％以上的职务发明专利出自企业,90％以上的重大科技项目发明专利来源于龙头企业。"他们认为,尊重企业的创新主体地位是这一现象产生的最基本逻辑。40 多年来,深圳经济特区不断推进市场化改革,健全产学研机制,让企业创新的规模效应日渐显现。

调研发现,科技型企业的大量产生,战略性新兴产业和未来产业的蓬勃发展,是"6 个 90％"的直接结果。科技型企业从何而来?完成 0～1、1～10、10～100 的初创企业,注定成为科技型企业;从制造型、服务型企业成功转型为科技型企业。大疆、云天励飞是前者的范例,华为、腾讯则是后者的典型。科技型企业的主要特征表现在两个方面:其一,企业的生产、经营和投资活动由创新链主导,创新链的上游是基础研究和应用基础研究,中游是试验开发研究,下游是量产;其二,企业有较高的研发投入占比,并在不同程度上投入基础研究和应用基础研究,由此构筑了创新链关键的上游环节,进而主导创新链的中下游环节。

以科技型企业自主创新为主导,形成产学研互动协同格局,深圳在推动产业创新、反哺科技创新、建设具有全球影响力的科创中心的过程中,取得了令人瞩目的成绩。科技型企业自主创新的主导作用具体表现为:它们是技术创新的引领者。科技型企业作为技术创新的主力军,不断进行技术研发与产品迭代,推动产业升级。它们聚焦于电子信息、生物医药、新能

源、新材料、人工智能、工业互联网等前沿领域,开展关键核心技术攻关,形成一批具有自主知识产权的核心技术,从而带动整个产业链技术水平的提升。

科技型企业是新兴产业和未来产业的催生者。它们积极布局和参与深圳市"20＋8"产业集群,即20个战略性新兴产业和8个未来产业,尤其在合成生物、区块链、细胞与基因、空天技术等领域,通过科技创新催生出新的经济增长点。这些新兴产业的创新不仅延伸了产业链,丰富了产业结构,还为深圳经济的持续健康发展注入了强大动力。

科技型企业是产学研深度融合的实践者。它们与高校、科研院所紧密合作,共建研发中心、实验室、工程技术中心等创新平台,推动科技成果高效转化。这种深度融合模式缩短了从基础研究、应用基础研究到产业化的路径,加快了科技创新成果向新质生产力转化的速度。

科技型企业是创新生态系统的构建者。通过构建开放创新平台、举办创新创业大赛、设立产业基金等方式,深圳科技型企业积极参与构建良好的创新生态系统。这些举措促进了各类创新资源的有效集聚与优化配置,为科技创新和产业创新提供了良好的环境和条件。

科技型企业是创新政策的受益者与反馈者。深圳科技型企业得益于政府出台的一系列创新政策,如税收优惠、资金扶持、人才引进等,进而得以快速发展。同时,它们也积极反馈政策效果,为政策制定者提供实践依据,推动创新政策的持续优化和完善。

科技型企业是国际科技合作的推动者。深圳科技型企业积极开展国际科技合作,与全球领先的研发机构、跨国企业建立战略合作关系,引进先进技术、人才和管理经验,提升自身的创新能力。同时,通过参与国际标准制定、设立海外研发中心等方式,扩大在全球产业链价值链中的影响力。

科技型企业是金融与科技融合的探索者。科技型企业与金融机构深度合作,通过创新金融产品和服务,有效解决科技型企业融资难、融资贵的问题,为科技创新和产业创新提供有力的资金保障。同时,利用金融科技手段优化企业管理,提升服务效率,推动金融与科技的深度融合。

综上所述,深圳科技型企业在科技创新推动产业创新、产业创新反哺科技创新、形成创新合力的过程中发挥着不可替代的作用,有力地推动了深圳乃至全国的产业升级和经济发展。

1.1.2 形成产业合力,加速建设现代化产业体系

深圳的产业合力源于"20+8"产业集群体系。2022 年 6 月,深圳实施了"20+8"产业集群行动,取得了显著成效。前文已提及,2023 年,深圳全市战略性新兴产业增加值达到近 1.45 万亿元,增长了 8.8%,占地区生产总值的比重提高到 41.9%;规上工业总产值达到近 4.85 万亿元,全部工业增加值达到近 1.18 万亿元,二者蝉联全国城市"双第一"。"20+8"产业集群已成为深圳稳住制造业基本盘、增强实体经济发展后劲、加快建设全球领先的先进制造业中心和具有全球影响力的产业科技创新中心的重要抓手,并将成为发展新质生产力的主阵地。

2024 年,深圳战略性新兴产业增加值达到近 1.56 万亿元,占 GDP 的比重为 42.3%,连续 4 年居全国城市首位。2011—2024 年,深圳战略性新兴产业增加值年均增长 10.5%,超过同期 GDP 增速 2.1 个百分点,对经济增长贡献率达到 58.9%。2024 年 3 月,深圳市委办公厅、深圳市政府办公厅印发《关于加快发展新质生产力进一步推进战略性新兴产业集群和未来产业高质量发展的实施方案》(以下简称《实施方案》)。《实施方案》提出的升级版"20+8"产业集群锁定了更高的发展目标,在"20+8"产业集群 1.0 版本的基础上,继续向新兴产业拓"增量",要求到 2025 年底,战略性新兴产业增加值超过 1.6 万亿元,同时,打造形成 4 个万亿级、4 个五千亿级、一批千亿级产业集群。

《实施方案》指出,科学把握产业集群差异化、阶段性发展特征,分类推进、精准施策,加速培育、促进发展;重点部署了动态调整集群门类、分类推进培育发展、优化调整重点方向、统筹各区错位发展、夯实产业发展基础、加强创新体系建设、完善服务供给体系和积极拓展应用场景等八大任务。

第一,在 1.0 版本的基础上动态调整集群门类。2.0 版本的战略性新兴产业集群(见图 1-1),新增低空经济与空天产业集群,软件与信息服务

图 1－1　深圳"20＋8"产业集群体系 2.0 版本

产业集群中的人工智能升格单列为 1 个产业集群,工业母机、激光与增材制造、精密仪器设备 3 个产业集群合并为高端装备与仪器产业集群,智能机器人产业集群调整为机器人产业集群,新材料产业集群调整为高性能材料产业集群。同时,将战略性新兴产业集群分为战略重点、优势拓展、基础支撑、综合提升四类,分类施策,精准培育,有针对性地配置不同资源,进一步巩固优势领域,锻造中坚力量,补齐短板弱项。

第二,强调以科技创新推动产业创新。2.0 版本的"20+8"产业集群加大力度重点鼓励开展新技术、新产品布局,加强基础工艺等制造基础布局,推动重大科技基础设施建设,加强企业主导的产学研深度融合,加快布局制造业创新中心、产业创新中心、概念验证中心、新产品导入中心等。同时,围绕供应链、质量基础设施、出海、展会、品牌、标准等环节,持续提升服务供给能力。制定典型应用场景清单,加快新技术、新产品在重大项目中的规模化应用。

第三,科学布局统筹发展。《实施方案》强调,根据发展所需、各区资源禀赋和产业带动能力,合理规划各产业集群的重点布局区和各区重点发展的产业集群,推动"20+8"产业集群布局聚焦,科学落位。原则上,每个产业集群控制在 3~5 个区布局。其中,细分领域较多的产业集群可适当增加布局区,每个区重点发展 3~5 个产业集群。战略重点类产业集群和未来产业由市级层面结合实际统筹布局。

《实施方案》还就"建立四大工作机制,市区协同全面推进"做出了部署,要求加大协调推进力度,加强市区工作联动,完善工作支撑体系和强化空间供给保障。这些工作任务和机制将为"20+8"产业集群体系的布局和落地提供充分的条件。

深圳现代化产业体系建设既源于长期形成的制造业体系,又与正在加快建设的"20+8"产业集群体系有关。尽管深圳产业发展的历史不长,但其传统产业尤其是传统制造业有一定的基础和规模。因此,一方面,在创业创新的驱动下,新兴产业有了长足发展;另一方面,传统制造业转型发展也有较大的空间。在传统产业、战略性新兴产业和未来产业的统筹发展中,产业合力的具体表现是:传统制造业以转型升级为主,提升附加值,发挥基础性作用;战略性新兴产业以协同创新为主,抢占产业制高点,发挥主导性作用;未来产业以提前布局、加速培育为主,聚焦于具有颠覆性、先导性和长远战略意义的领域,发挥引领性作用。科技创新和产业创新渗透在转型、赋能和协同的具体过程中,三类产业相互支撑、协同发展,形成了既有稳固基础又有前瞻布局的现代化产业体系。

深圳在推动传统产业数字化转型与赋能的过程中,注重引入先进的数字技术,如云计算、大数据、物联网、AI 等,覆盖设计、生产、供应链、销售、服务等各个环节,实现全链条的数字化、网络化、智能化,提升企业运营效率、产品质量与市场竞争力,同时也为消费者提供了更加便捷、个性化的购物体验。这些举措既推动了深圳传统产业的转型升级,也为全国同类产业的数字化改革提供了示范样本。例如,深圳左右家私有限公司借助工业互联网平台,实现了从设计、采购、生产、销售到服务的全流程数字化。通过部署 ERP(enterprise resource planning,企业资源计划)、MES(manufacturing execution system,制造执行系统)等信息系统,实时监控生产进度与质量,优化供应链管理。同时,利用 VR(virtual reality,虚拟现实)/AR(augmented reality,增强现实)技术提供线上家居试用体验,结合电商平台与线下门店,构建线上线下一体化的零售模式,提升消费者的购物体验。又如,飞亚达精密科技股份有限公司引入数字化设计与仿真技术,缩短钟表新品研发周期,提升产品设计精度。在生产环节,通过 MES实现生产数据的实时采集与分析,优化生产调度,降低库存成本。同时,将电子商务平台与线下实体店融合,提供线上线下一体化的购物体验,提升销售业绩。

在驱动创新、政策引导、产业融合、绿色转型、国际合作、金融支持和人才汇聚等多方面因素的共同作用下,深圳战略性新兴产业的发展态势有望继续保持强劲势头,推动产业持续升级,巩固和提升深圳在全球新兴产业竞争格局中的领先地位。在诸多措施的作用下,深圳战略性新兴产业的发展表现出新的发展势头。第一,产业集群效应凸显。深圳正在进一步强化产业集群建设,通过打造若干个具有国际竞争力的战略性新兴产业集群,如人工智能产业基地、生物医药产业园、新能源汽车产业链等,实现产业链上下游协同,提升整体产业竞争力。第二,数字化、网络化、智能化深度融合。随着 5G、工业互联网、大数据、云计算等新一代信息技术的广泛应用,深圳战略性新兴产业将进一步实现数字化、网络化、智能化转型,实现生产制造、运营管理、服务模式等方面的深度变革,提升产业效率和附加值。第三,国际合作与开放创新水平持续提升。深圳作为对外开放的前沿窗口,将持续加强与全球创新资源的对接,吸引跨国公司设立研发中心,引进先进技术,同时鼓励本土企业出海,参与全球产业链重构,提升深圳战略性新兴产业的国际化水平。

深圳未来产业对战略性新兴产业发展的影响和作用,主要体现在技术溢出与创新驱动、产业链协同与融合、市场需求引导、创新生态构建、政策导向与资源配置等多个层面。通过这些作用,未来产业将有力推动深圳战略性新兴产业的创新升级和持续发展。

综上所述,深圳在传统产业、战略性新兴产业和未来产业的统筹发展中,坚持创新驱动,实施梯次布局,推动产业链协同与融合创新,运用政策引导与市场机制双轮驱动,构建完善的创新生态体系,并秉持开放合作理念,旨在打造结构合理、优势互补、创新驱动、绿色低碳、竞争力强的现代产业体系,实现经济高质量发展的目标。

1.1.3 形成区域合力,创新和产业空间协同取得实质性突破

深圳的区域合力源于创新和产业的空间协同。长期以来,深圳的经济社会发展一直受到空间的限制。近年来,诸多利好正在缓解这一局面。这主要表现在两个方面:一是《深圳都市圈发展规划》正式发布;二是重大基础设施项目深中通道于 2024 年 6 月 30 日正式通车。

1) 深圳都市圈形成的区域合力

2023 年 10 月,广东省政府印发广州、深圳、珠江口西岸、汕潮揭、湛茂 5 个都市圈发展规划。这 5 个规划中,广州、深圳都市圈发展规划分别由广州、深圳市政府会同广东省发展改革委牵头编制,并经国家发展改革委函复后发布。以都市圈协调联动为依托,促进大、中、小城市和小城镇协调发展,已成为我国区域经济发展的重要指导思想。为什么在经历了 40 多

年的快速城市化后,都市圈走入中国经济社会,正在重构中国的城市体系,并成为大、中、小城市和小城镇协调发展的主体形态？要回答这个问题,深圳就是一个很好的案例。

深圳的市域面积为 1 997.47 平方千米。2024 年,深圳市常住人口为 1 798.95 万人,人口密度(人口数/面积)为 9 006 人/千米^2。2024 年,深圳市经济总量(GDP)为 3.68 万亿元,经济密度(经济总量/面积)为 18.42 亿元/千米^2。在一线城市中,深圳的人口密度和经济密度均为最高。深圳都市圈位于粤港澳大湾区东部,由深圳、东莞、惠州全域和深汕特别合作区组成,面积约为 1.63 万平方千米,2022 年的常住人口为 3 415 万人,经济总量约为 4.9 万亿元,人口密度约为 2 099 人/千米^2,经济密度约为 3 亿元/千米^2。在一个都市圈的空间范围内,一般都呈现出中心城市人口密度和经济密度高于周边城市。深圳都市圈的人口密度、经济密度低于深圳,内含着纾解深圳发展空间矛盾的各种可能性,也将使其他城市和小城镇获得更多的发展机会。以都市圈发展规划为目标调整和优化空间结构,中心城市将更好地形成辐射和溢出效应,并和周边城市实现产业分工、统一市场和治理协同等效应。东莞、惠州和深汕合作区将在深圳都市圈发展规划的框架中全面融入深圳的发展,上述各种效应将惠及都市圈中的大、中、小城市和小城镇。

城市都有行政边界。在以行政区发展模式为主导的条件下,各级政府在很大程度上主导了市场因素对经济发展的作用。这种发展模式与经济体制改革的指导思想,即"使市场在资源配置中发挥决定性作用,更好发挥政府作用"存在一定的偏差,与高质量发展理念、双循环发展格局也不吻合。2021 年,党中央、国务院在《成渝地区双城经济圈建设规划纲要》中明确提出,要"探索经济区与行政区适度分离改革"。这一深化改革的举措对于推动区域协调发展,理顺市场与政府关系,有着极为重要的作用。编制并实施都市圈发展规划,是实现经济区与行政区适度分离的重要手段之一,对于打破"一亩三分地"的思维定式,形成优势互补高质量发展的区域经济布局,有着极为重要的作用。形成经济区与行政区适度分离的发展模式,以市场机制主导和引领资源配置,更好发挥政府作用,对于提高产业发展的协同性、社会发展的协调性,进而实现高质量发展,都有着特别重要的意义。深圳都市圈本来就是市场化程度比较高的地区,在此推进经济区与行政区适度分离改革有着有利的客观条件。

深圳都市圈的特点是:人口密度、经济密度较高,同时是中国"创新第一城",有较强的辐射效应和溢出效应;行政空间较小,根据都市圈圈层结构布局,将产生较显著的空间优化效果;自 1980 年建立经济特区以来,深圳一直是中国改革的"排头兵"。2019 年 8 月正式发布的《中共中央国务院关于支持深圳建设中国特色社会主义先行示范区的意见》,再次赋予深圳特殊使命,明确深圳先行示范区作为高质量发展高地、法治城市示范、城市文明典范、民生幸福标杆、可持续发展先锋的战略定位。这无疑将深刻影响深圳都市圈的规划建设。

根据深圳毗邻香港特别行政区的区位优势,深港(或港深)都市圈的规划建设只是时间问题。也许到深圳都市圈的下一个规划期,其名称就将是深港都市圈。这是深圳都市圈的未来。粤港澳大湾区这个世界级城市群有深港、广佛和珠澳三个都市圈,它们构成了大湾区发展的核心区域,同时带动区内大、中、小城市和小城镇协调发展。这是我们已经看到并将继续优化的美好图景。

2)深中通道形成的区域合力

历时 7 年建设,深(圳)中(山)通道在 2024 年 6 月 30 日正式建成通车,深圳与中山之间的车程从 2 小时缩短至约 20 分钟。都市圈的英文为"metropolis",而"metro"是轨道交通的意思。所谓都市圈就是建立在轨道上的城市,亦即通勤圈。深中通道的建成通车,意味着水域相邻的城市,通过桥隧连接,同样实现了 1 小时通勤。以深圳宝安国际机场为圆心,画一个半径为 60 千米或 80 千米的同心圆,中山无疑就在这个圆内(见图 1-2)。都市圈的本质是同城化。便利的交通是城市就业人口通勤和货物流通的必要条件,也推动了城市空间的优化利用。大湾区是我国经济密度、人口密度最高的区域,交通基础设施建设以及空铁陆水等运输方式的一体化,极大地提高了人口和货物流动的效率,是大湾区快速发展的重要保障。

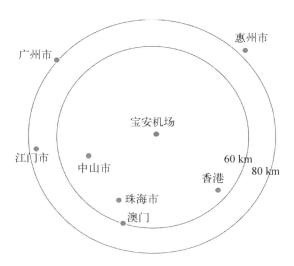

图 1‑2 以深圳宝安国际机场为圆心、半径
60～80 千米的空间范围(都市圈)

　　深中通道就是与广东西岸发展关系极为密切的重大基础设施项目。说起广东经济发展的问题时,通常会提到区域不平衡的矛盾。其实,在大湾区内部,经济发展不平衡问题也是存在的。除港澳两地外,广东 9 市同样存在不平衡,且有差距加大之势。以珠江为界,广东 9 市可以分为 3 片区域:跨江的广州和佛山,珠江东岸的深圳、东莞和惠州(以下简称东岸),珠江西岸的肇庆、江门、中山和珠海(以下简称西岸)。2017 年,东岸三市的 GDP 高出西岸四市 2.45 万亿元;2022 年,这个差额扩大到 3.48 万亿元。2017 年,东岸常住人口比西岸高出 1 704 万人;2022 年,这个差额扩大至 1 829 万人,东岸比西岸多增加了 125 万人。数据还显示,2022 年,东岸每万人利用土地 4.63 平方千米,西岸则为 17.61 平方千米,西岸是东岸的 3.80 倍。

　　深中通道开通之后,珠江口东西两岸的城市正好能够实现产业协同和优势互补。"深圳研发＋中山生产""中山制造＋深圳出口",一方面,各自发挥比较优势;另一方面,各自产业都得到转型升级。深中通道将在要素流动、产业分工和治理协同等方面产生积极作用。就像过去那些年,受益于深圳的产业协同,东莞、惠州经济发展、城市发展都发生了深刻变化一样,中山、珠海在深中通道建成后,正步入一个新的较快发展时期。

随着深中通道的建成通车,在大湾区这个世界级城市群,都市圈和主要城市之间,1 小时到达将在很大程度上得以实现。同时,宝安的"桥头堡"地位日益凸显,在湾区版图上处于核心位置,这同时意味着深圳有了向西发展的大通道。为了更好地发挥"核心枢纽"和"桥头堡"的作用,宝安一方面要加快推动先进制造业向全球产业链价值链高端迈进;另一方面,要发挥和利用好集陆、海、空、高、铁、地于一体的立体交通优势,加快数字经济和现代服务业赋能和支持各行各业发展的进程。

1.2 深圳行业发展的三个持续性支撑

创新合力、产业合力和区域合力已经并将继续推动深圳的产业发展和经济社会发展。深入观察、调研和研究的结果表明,科技创新和产业创新"双向奔赴",科技型企业加大基础研究和应用基础研究投入,大科学装置和新型研发平台稳步发展,正在成为深圳未来一个时期产业发展和经济社会发展的重要支撑。

1.2.1 科技创新与产业创新"双向奔赴",夯实创新之城的基石

深圳作为中国乃至全球的创新高地,其显著优势体现在产业创新上。在产业创新取得可观业绩的基础上,深圳提出科技创新推动产业创新,产业创新反哺科技创新,形成科技创新与产业创新"双向奔赴"的新格局。"双向奔赴"体现在多维度的互动与促进中,主要表现和结果除了前已述及的企业自主创新主体地位强化、产学研深度融合、产业链与供应链协同、金融与科技联动和开放合作与创新生态构建之外,我们认为,科技创新与产业创新"双向奔赴"的关键环节是人才支撑和培养,政府引导和环境营造。

建立特区后的较长时期,深圳的人才主要依赖其他城市对深圳的外溢,深圳则利用特区体制、生态环境、包容文化等优势,以移民的方式吸引了一大批人才,这些人才对深圳的创业创新、产业发展做出了巨大贡献。时至今日,深圳更加重视人才在科技创新和产业创新中的关键作用。在继

续以更大力度引进高端人才的同时,培养本土人才被提到了前所未有的高度,以便为深圳的全面高质量发展提供强有力的人才支撑。近10年来,深圳新建高校8所,6个学科进入ESI排名前1‰,近3年新增基础教育学位54.4万个,全市拥有各类人才超过679万人。2024年,深圳市教育局印发《关于调整优化高等教育学科专业结构的实施方案》,精准对接产业发展和人才培养需求,大力建设新兴、交叉学科。目前,深圳的高校正在加快布局人工智能、机器人、脑科学、低空经济等产业急需紧缺学科。同时,深圳还注重构建人才激励机制,鼓励人才创新创业,为科技创新和产业创新提供源源不断的动力。

深圳市委、市政府通过制定前瞻性的政策,如"20＋8"产业政策、金融支持科技创新"20条"等,为科技创新和产业创新,以及二者的互补互动提供了强有力的政策支撑。同时,深圳持续优化营商环境,搭建创新平台和产业园区,如深圳高新技术产业园区、前海深港现代服务业合作区等,为科研成果转化和产业孵化创造了良好的生态环境。深圳的经验表明,政府在关键时间推出关键政策和举措,是政府对科技创新和产业创新必要的作为。深圳市委、市政府以经济建设为中心,服务于城市的核心竞争力,不扰企业,而是为企业服务,为企业创造了不可多得的优良营商环境。

专栏1

深圳医学科学院和深圳湾实验室

深圳医学科学院和深圳湾实验室是一体化发展但又具备差异化定位的2家科研机构。其中,深圳医学科学院强化科研战略机构职能,探索科研机构改革新机制;深圳湾实验室着力开展前沿基础研究,全面提升原始科研创新能力,打造激发新质生产力的国家级创新实验室。2家机构共同规划了一体化发展愿景:立足深圳,建设具有国际影响力的教育、科技、人才高地,打造生物医药的东方大湾区。

同在光明区、同样由颜宁担任主任的深圳湾实验室,是深圳建设粤港澳国际科技创新中心和综合性国家科学中心的另一个重大战略部署。自 2019 年启动以来,深圳湾实验室实行"以才引才"策略,聚集了上百位领军人才,在系统生物学、计算化学、化学合成、药物开发、单细胞分析等学科领域形成国内人才聚集地。截至 2024 年底,实验室已建成日筛 15 万种化合物的超高通量药物筛选平台。这也是目前国内规模最大、水平最高的药物筛选平台之一,无疑是为创新药物研发铺上了"高速路"。

为打通科研成果转化的堵点,深圳医学科学院与光明区联合成立光明生物医药创新中心,该中心聚焦细胞基因治疗、AI(artificial intelligence,人工智能)制药和高端医疗影像等方面颠覆性技术,自 2023 年开业运营以来,申请入孵企业超过 70 个,其中 90% 为科学家创业项目。经过项目评审专家组的多维度审核,截至 2024 年底已引进入孵项目 8 个,吸引融资金额数千万元。

(资料来源:深圳医学科学院和深圳湾实验室官网。)

科技创新与产业创新"双向奔赴"是一个系统工程,涉及政策、资金、人才、技术、市场等多方面因素的协同作用,旨在推动经济社会高质量发展,打造具有国际竞争力的现代化产业体系,夯实深圳创新之城的基石。

1.2.2 科技型企业加大基础研究尤其是应用基础研究投入,构筑牢固的创新链

国际经验表明,近几十年来,科技型企业深度涉入基础研究。随着科学和社会经济的发展,基础研究的内涵不断丰富,应用基础研究成为基础研究的一个重要组成部分,以适应科技创新和技术进步的快节奏和高频率,以满足战略性新兴产业发展的现实需要。为此,有关研究报告将基础研究分为纯科学研究与应用基础研究两个部分。国家科研机构和高等院校承担的基础研究,主要是纯科学部分。科技型企业开展基础研究活动,

无疑要受企业自身发展需求的驱动,多具有明确的应用目的,它们所从事的应用基础研究是创新链的有机组成部分。

2020 年 8 月 26 日,深圳市第六届人民代表大会常务委员会第四十四次会议通过了《深圳经济特区科技创新条例》。这是一份关于深圳创新活动的地方性法规文件。该条例开宗明义:"深圳鼓励企业成为科技创新的主体,支持企业加大研发投入,建设研发中心和实验室,引进和培养高端人才。企业在科技创新方面的成果,又能够迅速转化为科技创新和产业创新的动力,推动产业升级和转型。"条例的第二章"基础研究和应用基础研究",第三章"技术创新",第四章"成果转化",清楚地阐明了基础研究、应用基础研究、试验开发研究和产业化,即创新链不同组成部分的关系,也阐述了深圳创新和构建创新链的基本经验。

在推动科技创新和产业创新的过程中,科技型企业加大投入力度,开展基础研究和应用基础研究,构筑企业的创新链,是深圳持续保持创新优势、建设具有全球影响力科技创新和产业创新中心的重要前提。持续强化企业自主创新主体地位,鼓励科技型企业从试验开发研究为主转向基础研究和应用基础研究,做实企业创新链的上游。企业的研究活动往往具有明确的应用目的,因此,企业的基础研究大多是应用基础研究。建立在基础研究和应用基础研究基础上的试验开发研究和规模化生产,构成了企业完整的创新链。由此,科技型企业将源源不断地向市场提供新产品、新服务,进而持续保持自身的核心竞争力。

《2023 年广东省科技经费投入公报》显示,2023 年深圳研究与试验发展(R&D)经费投入为 2 236.61 亿元,增长了 18.9%,连续 9 年实现两位数增长,R&D 经费投入强度(占 GDP 的比重)提升至 6.46%,一举超过上海(4.34%),略低于北京的 6.73%,首次实现总量和强度居全国大中城市双第二。

92 所、81 所、84 所、17 所,这分别是北上广深四大一线城市现有的高校数量。深圳高校规模对比北上广仍然悬殊,也不似北京有众多国家级科研院所。但在过去 10 年,深圳全社会研发投入由 2014 年的 643 亿元增至 2023 年的 2 236.61 亿元,R&D 投入强度由 4.02% 跃升至 6.46%。

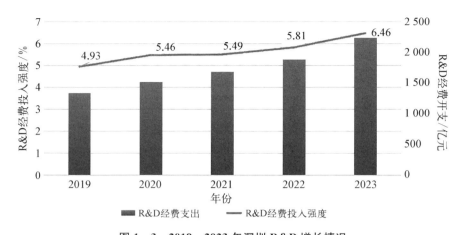

图 1-3 2019—2023 年深圳 R&D 增长情况

资料来源:历年广东省科技经费投入公报。

其中,深圳企业研发投入占全社会研发投入的比重常年保持在 90% 以上,2023 年达到 93.3%,居全国第一,远高于全国平均水平(77.7%),更是显著高于北京(46.6%)。因此,支撑起深圳 R&D 经费不断增长的,是一众创新型企业。

1.2.3 大科学装置和新型研发平台稳步发展,形成新的创新生力军

大科学装置是指为实现重大科学技术目标而建设的大型复杂科学研究设施。它们往往是国家科技创新体系中的"重器",对基础科学研究、关键技术突破具有不可替代的作用。深圳在大科学装置方面的布局,不仅能够吸引顶尖科学家和研究团队,还能促进不同学科交叉融合,为解决重大科学问题和攻克"卡脖子"技术难题提供强大支撑。例如,深圳已启动建设的综合粒子设施、脑解析与脑模拟重大科技基础设施等,都是面向未来、具有国际影响力的科研重器。

新型研发平台(科技创新载体)通常指那些采用全新运行机制、聚焦前沿科技领域、促进产学研深度融合的研发机构。这些平台往往强调开放合作、国际化运作,旨在加速科技成果的转化应用,为产业升级和经济高质量发展提供强大动力。在深圳,众多新型研发机构如雨后春笋般涌现,它们

专注于人工智能、生物医药、新材料、信息技术等前沿领域,通过集聚高端人才、强化技术研发和推动产业创新,不断催生出新技术、新产品和新业态。

这些新型研发平台和大科学装置的稳步发展,不仅提升了深圳乃至整个粤港澳大湾区的科技创新能力,而且形成了新的创新生力军,为推动地区乃至全国的科技进步和经济社会发展作出了重要贡献。深圳正逐步构建起一个集科研、教育、产业、资本于一体的全链条创新生态体系,向着建设中国特色社会主义先行示范区和竞争力、创新力、影响力卓著的全球标杆城市的目标迈进。

大科学装置是现代科学技术诸多领域取得突破的必要条件。深圳着力建设光明科学城,就是希望大科学装置在基础研究中发挥"策源地"作用,加快突破科学前沿,推动经济社会发展。面积不到 100 平方千米的光明科学城,已成为粤港澳大湾区重大科技创新载体布局最集中、创新动能汇聚最迅速、综合创新投入力度最大的区域。截至 2024 年底,光明科学城累计投入建设资金超过 500 亿元,规划布局了 24 个重大科技创新载体,20余支院士团队汇聚此地,承担国家、省、市重大科技攻关任务超过 147 项,其"楼上楼下"创新创业综合体模式在全国推广。其中,合成生物、脑解析与脑模拟、鹏城云脑Ⅲ、材料基因组、国家超级计算深圳中心(二期)等 9 个重大科技基础设施将全部面向全球科研机构、企业、个人开放共享。这些重大科技基础设施高效运转和资源共享,将有力加速基础科学研究和技术成果转化,助力深圳和粤港澳大湾区创新能级迈上新台阶。截至 2024 年底,深圳已构建起一个由新型研发机构、省实验室、国家实验室相互补充的科技创新平台体系,持续涌现的新型研发机构正在为加快发展新质生产力不断注入新动能。

2

人力资源行业

深圳这个充满活力的经济特区,自20世纪80年代起便以其改革开放的先行姿态,不断刷新着中国城市发展的新篇章。在这里,人力资源行业从无到有,从简单到复杂,逐渐形成了一个多元化、专业化、创新化的服务体系。本章将带您了解深圳人力资源行业的发展历程,探索其背后的驱动力,以及这一行业如何成为推动深圳经济高速发展的强大引擎。

从起步阶段的尝试与摸索,到发展阶段的专业化探索,再到扩张阶段的多元化服务,直至集聚与创新阶段的科技融合,深圳人力资源行业经历了4个典型的发展阶段。每一步跨越,都伴随着政策的支持以及市场需求和技术创新的支撑。政府的积极扶持、产业集聚效应的显现、人才吸引力的增强,以及技术与创新的深度融合,共同塑造了深圳人力资源行业的独特魅力。

然而,行业发展从来都不是一帆风顺的。深圳人力资源行业在产业结构、人才与服务、园区管理等方面仍面临不少挑战。这些挑战需要我们共同面对,寻找解决之道。本章将深入分析深圳人力资源行业的现状、特点、挑战以及未来的发展方向,以期为深圳乃至全国的人力资源行业发展提供参考和启示。

2.1 深圳人力资源行业的发展历程

深圳市在20世纪80年代建立经济特区之初就打破了"大锅饭"的用工制度,实行企业用工市场化招聘。一方面,通过引进外资发展经济,吸引大量的农民工到深圳打工,打破城乡劳动力市场分割的状况,促进农村劳动力流动,形成了规模巨大、城乡融合的劳动力市场。另一方面,率先改革劳动人事体制和干部管理体制,通过实行市场化招聘,建立了有利于劳动力和人才流动的市场化制度。经历 40 多年的发展,深圳作为"敢为人先"的经济特区,已经从"小渔村"快速发展为国内一线城市,成为媲美硅谷的粤港澳大湾区的核心城市之一,越来越多的企业在这里创新发展,人才和产业在这里聚集。

截至 2023 年底,深圳的各类人才总量超过 679 万人,高层次人才有 2.4 万人,留学回国人员超过 20 万人。创新产业和优质的就业环境,吸引了大量国内外人才来深圳发展,特别是高新技术产业如 IT、通信和生物技术领域,形成了显著的人才集聚效应。深圳市政府提供了一系列政策支持,包括税收优惠和资金扶持,促进了人力资源服务业的发展。本地人力资源服务企业不断创新服务模式,提供全面的人力资源解决方案,同时积极与国际人力资源机构合作,引进先进的管理理念和技术,推动行业的数字化转型,利用大数据和人工智能等技术提高服务效率和质量。

截至 2022 年底,深圳共有人力资源服务机构(含劳务派遣)2 750 家,营业收入约为 1 250 亿元,从业人员约 7.3 万人,为不同类型的企业提供各类人力资源服务。截至 2023 年底,深圳人力资源服务机构(不含劳务派遣)已达到 1 934 家,营收为 1 074 亿元,从业人数约 5.8 万人,服务企业 22 万家。人力资源服务行业规模不断扩大,服务体系不断完善,服务水平不断提高,为促进创业就业、优化人力资源配置和促进人力资源流动发挥了重大作用。

在发展人力资源服务机构的基础上,深圳持续推进产业园一体化建设。深圳市人力资源服务产业园于 2018 年获批成为国家级产业园,共包含人才园、龙岗、南山、宝安、罗湖、前海 6 个分园区。近年来,福田、龙华、光明、坪山、龙岗东部人力资源服务产业园相继开园运营。截至 2023 年底,深圳共有人力资源服务产业园区 11 个,总建筑面积约为 24 万平方米,共有 237 家人力资源服务机构进驻园区,营收约为 331.96 亿元,纳税额约为 11.26 亿元,共服务 1 031.72 万人次,帮扶就业和流动人数 170.34 万人次,提供招聘岗位 220.93 万个。

同时,深圳人力资源服务业大力推进招商引资,取得实质性突破。深圳人力资源服务行业多次赴北京、上海、江苏、浙江、香港等地招商,推动科锐国际(国内首家 A 股上市的人力资源服务企业)、博尔捷(2021 年中国服务业 500 强)、同道猎聘(港股人力资源领域第一股)来深圳设立具有独立法人资格的子公司。

深圳更是通过全国人力资源服务业发展大会,举办人力资源服务业高质量发展研讨交流活动、人力资源服务供需洽谈对接和展示活动、人力资源服务创新创业和技能大赛、粤港澳大湾区青年人才招聘活动等多项重点活动,更好地发挥人力资源服务业稳就业、促就业和服务高质量发展的作用。

当我们回顾深圳人力资源行业 40 多年的发展历程时,发现这是一条伴随着改革开放、特区建设、创新发展的产业和人才交互发展之路。

2.1.1 起步阶段

20 世纪 80 年代,深圳作为中国改革开放的前沿城市,开始引入和培养技术型人才,以支持工业产业的发展。作为重点发展的深圳经济特区,急需各类人才。面对大量的人力资源服务需求,深圳人力资源行业初步形成了以人才引进和配置为主的服务模式。

标志性事件:

1980 年,深圳首先在中外合资、合作企业和外商独资企业中进行劳动合同制度改革试点,在全国率先打破了固定用工的传统体制,"炒鱿鱼"一词开始走向全国。

1980 年,深圳开始改革干部任用制度,在全国选调、招聘人才。

1981 年,深圳蛇口工业区首次面向全国公开招聘干部,打破计划经济体制下的人事制度。

1983 年 9 月,2 万名基建工程兵集体转业到深圳,参与深圳经济特区建设。他们用青春和汗水铺出一条条马路,筑起一栋栋高楼,创造了三天建一层楼的"深圳速度"。

1983 年 9 月,由国务院批准创办的深圳第一所全日制高等院校——深圳大学开始招生。

1985 年,深圳设立了第一家人才服务公司,建立并发展人才市场,旨在为求职者和用人单位提供一个交流、计划、调配、考试、录用的全方位服务平台,促进人才的自由流动和市场的规范化运作。深圳人才大市场的建立,为特区经济的蓬勃发展提供了强大的智力支持,也为全国从计划经济向市场经济转型的探索提供了一份动力。

1987 年,深圳出台全国第一个《关于鼓励科技人员兴办民间科技企业的暂行规定》,鼓励技术入股,兴办民营科技企业。由此催生了一批高科技民营企业,创造了深圳第一批草根创业潮,华为、中兴等知名高新技术企业均创立于这一产业背景下,为深圳高科技产业的发展和创新能力的提高打下了体制机制基础,同时也为深圳带来了大量的就业岗位需求,极大地促进了深圳人力资源行业的发展。

2.1.2 专业化阶段

20 世纪 90 年代至 21 世纪初,深圳取消了人才入户增容费,开始建立工业体系,并逐步引入平台、补贴和奖励机制,以吸引和留住人才。伴随着经济的快速发展,此时的人力资源行业开始向专业化、市场化方向发展,出现了一批专业的人才服务机构。

标志性事件:

1990 年,深圳证券交易所率先试营业,为金融人才提供了发展平台。

1992 年,邓小平同志发表南方谈话,为深圳乃至全国的改革开放指明了方向,推动人才政策进一步放宽。

1993 年,深圳市人大通过《深圳经济特区劳务工条例》,成为全国第一部保护非户籍劳动者的法规。

1997 年,深圳建立"深圳人才大市场",开劳动力商品化之先河。深圳人才大市场不断深化发展,创新人才服务的举措和做法,促进了全国人才交流和各地人力资源市场的形成和发展。

2000 年,深圳出台《关于鼓励出国留学人员来深创业的若干规定》,建立国内首家中外合资留学生创业园。

2000 年 8 月,深圳大学城开始创建,随后吸引了清华大学深圳研究生院、北京大学深圳研究生院、哈尔滨工业大学深圳研究生院等国内知名大学的教育机构入驻。

2007 年,深圳发布《深圳市居住证试行办法》,以保障非户籍居民的合法权益。

2007 年,经国务院批准,由国家外国专家局、深圳市政府主办,中国国际人才交流大会首次在深圳召开,从此该大会永久落户深圳,每年举办一次。

2008 年,深圳在全国较早实施高层次专业人才的"1＋6"政策,旨在通过一系列创新措施,构建一个全方位、多层次的人才引进和培养体系,以促进城市经济社会的全面发展。这些措施包括为高层次专业人才开辟绿色通道,吸引科研团队,引进海外智力,实施柔性引才机制,加大人才培养力度,培养国际化人才,加强高技能人才培养,营造学术氛围,促进深港人才互动,加强院校和科研院所建设,等等,共同塑造了深圳作为国际化创新型城市的人才发展环境。

2010 年,深圳启动引进海外高层次人才的"孔雀计划"。大规模、大手笔、成体系地引进海外高层次人才。该计划以推动高新技术、金融、物流、文化等支柱产业发展,培育新能源、互联网、生物、新材料等战略性新兴产业为重点,聚集了一大批具备较高专业素养和丰富海外工作经验、掌握先进科学技术、熟悉国际市场运作的海外高层次创新创业人才。纳入"孔雀计划"的海外高层次人才,可享受 80 万～150 万元的奖励补贴,并享受居留和出入境、落户、子女入学、配偶就业、医疗保险等方面的优惠政策。对于引进的世界一流团队给予最高 8 000 万元的专项资助,并在创业启动、项目研发、政策配套、成果转化等方面支持海外高层次人才创新创业。截至 2018 年 3 月 31 日,深圳累计确认"孔雀计划"人才 3 264 人。

2010 年 12 月,教育部正式批准筹建南方科技大学。南方科技大学是深圳为提升高等教育质量而创办的新型研究型大学,以改革创新为立校之本,致力于培养具有国际视野和创新精神的高素质人才,推动教育改革,服务社会发展。

2.1.3 扩张阶段

2011—2020 年,深圳进一步加大了对人才的奖励力度,深圳人力资源行业进入快速发展期,服务内容更加多元化,包括招聘、培训、咨询等,人力资源机构数量和服务营收显著增长,同时,行业规模不断扩大。

标志性事件:

2011年,深圳出台《深圳市中长期人才发展规划纲要(2011—2020年)》,形成了较为完善的人才发展规划体系。纲要强调了人才优先发展战略,旨在通过10年的努力,形成具有国际竞争力的人才优势,将深圳打造成亚太地区富有创新活力、优良创新环境、浓厚国际氛围的人才集聚地。深圳明确了发展目标,包括建立开放引才、精心育才、科学用才的体制机制,引进和培养世界一流人才,构建具有强大创新能力的优秀人才队伍,实现人才发展与产业转型、人口调控的有机统一和相互促进。同时提出五大战略,即"人才特区"战略、人才国际化战略、人才市场化战略、人才区域合作战略和人才载体支撑战略,以及9项重点人才工程,包括高层次人才"孔雀计划"、客座专家"智库计划"等,以加快人才资源开发,确保人才工作的有效实施。

2014年4月,教育部同意批准设立香港中文大学(深圳),旨在汇聚优质教育资源,培养具有国际视野和社会责任感的创新型人才,推动教育改革,促进地区经济社会发展,并加强中西文化交流与融合。

2016年,深圳出台《关于促进人才优先发展的若干措施》,提出20个方面81条178个政策点,通过杰出人才培育、"孔雀计划"、科研经费支持、特聘职位设置、国际化人才培养、安居保障、子女教育优化、招才引智创新及人才流动机制完善等81项具体措施,旨在吸引和培养顶尖人才,推动深圳成为国际科技创新和人才发展高地。

2016年10月,教育部批准北京理工大学与莫斯科国立罗蒙诺索夫大学在深圳正式设立深圳北理莫斯科大学。深圳北理莫斯科大学是由深圳市政府、北京理工大学和莫斯科国立罗蒙诺夫大学三方合作设立的具有独立法人资格的中外合作大学,主要目标是建设成为独具特色的世界一流国际化综合性研究型大学,致力于开展精英教育以及高水平的科学研究和创新活动,培养高素质创新人才,服务"一带一路"建设、中俄新时代全面战略协作伙伴关系、粤港澳大湾区和深圳中国特色社会主义先行示范区建设。

2017 年,深圳通过了《深圳经济特区人才工作条例》,以地方性法规的形式推进人才工作依法管理。深圳也迎来了首个法定人才日,全国首个以人才命名的主题公园——深圳人才公园正式开园。深圳市人才集团、深圳市千里马国际猎头公司同日揭牌。

2018 年,深圳获批建立国家级人力资源服务产业园,填补了华南地区尚无国家级人力资源服务产业园的空白。这一举措的主要目的在于推动深圳乃至华南地区的人力资源服务业实现跨越式创新发展。通过建立国家级人力资源服务产业园,并将其打造成为"高端化、专业化、国际化、信息化"的人力资源机构集聚区和人力资源产业中心,为粤港澳大湾区人才高地的建设提供重要支撑,并服务于广东省乃至全国经济社会发展,促进就业创业,优化人才配置。

2018 年 11 月,经教育部批准正式设立深圳技术大学。该大学旨在满足深圳及粤港澳大湾区高端产业发展的需求,致力于培养具有国际视野、工匠精神和创新创业能力的高水平工程师、设计师等技术技能型人才。该学校以工学为主,逐步发展理学、管理学、艺术学等学科,紧密对接产业需求设置学科专业,如中德智能制造学院、大数据与互联网学院、新材料与新能源学院等,弘扬工匠精神,创新人才培养模式,采取"教授负责制"培养模式,并强调开放办学及产教融合,与行业协会、龙头骨干企业、科研院所建立新型战略伙伴关系,建设专业化高水平的师资队伍,从德国、瑞士等应用技术大学引进专兼职高水平教师,并从企业、产业界引进高水平技术骨干。

2019 年,在深圳举办的国际人才交流大会 2 天入场参观洽谈人数达 11 万人次,创历史新高。据统计,除本届大会主宾国英国、观察员国俄罗斯的重要嘉宾出席大会以外,还有来自美国、以色列、德国、日本、乌克兰、芬兰、意大利、韩国、法国、澳大利亚等 52 个国家和地区的 4 000 多家专业组织、培训机构、高等院校、科技企业和人力机构的代表参与,外国专家和海外高层次人才代表 8 500 多人参会,各省市科技、人力资源、教育部门和各类企业引智部门代表 9 300 多人参会。大会共设 2 105 个展位,展区面积达 7 万平方米,29 个省、自治区、直辖市组团参加,宣介各地引才引智政策与创新创业环境。大会举办期间还组织了各类会议、活动 66 场,各省区市与专业组织、培训机构、留学人员达成引才引智项目合作意向 3 000 多项。

2.1.4 集聚与创新阶段

2021 年至今,深圳通过优化环境、集聚产业和产业升级等措施,推动人力资源服务业持续高质量发展,形成以科技创新为引领的新模式。截至 2023 年底,深圳人力资源服务机构营收达 1 074 亿元,同比增长 15%。

标志性事件:

2021 年,深圳成立国内首家人力资源数字化专委会,并通过举办人力资源数字化科技大赛等活动,促进了人力资源行业与科技行业的交流与合作,推动了行业的数字化转型。

2022 年,深圳市人力资源和社会保障局发布深圳市人力资源服务业发展"十四五"规划,明确提出"十四五"期间加快培育发展人力资源服务产业,以保持产业总体水平居于全国前列,并成为重要的集聚发展高地,为深圳"双区"建设提供人力资源支撑。到 2025 年,深圳市人力资源服务业年营收将超过 1 500 亿元,纳税额超过 70 亿元,并培育一批骨干企业和龙头企业。同时,规划提出:全面提升人力资源服务业促进就业、服务人才、助力乡村振兴的能力,服务企业和求职者的能力将显著提升。此外,还鼓励人力资源服务机构在对口合作城市设立分支机构,以提升合作帮扶能力,并壮大行业队伍,提高专业化、职业化水平,优化人才生态,促进产业结构优化和创新。

2023 年,深圳市政府办公厅印发《深圳市推进新时代人力资源服务业高质量发展的若干措施》,提出 25 条创新举措。这些措施旨在培育壮大市场主体,如支持人力资源服务机构做大做强,引进知名机构,并大力培育人力资源科技企业。同时,还包括提升创新发展能力,加快产业集聚发展,强化服务发展大局,加强人才队伍建设,以及夯实行业发展基础等方面,以促进人力资源服务业的专业化、规范化、数字化、高端化、国际化发展。

2024 年 3 月,深圳市人力资源服务业高质量发展大会召开,提出加速推动人力资源服务业向高端化、国际化、专业化转型升级,为粤港澳大湾区建设提供人才支撑,助力深圳成为具有全球影响力的经济中心城市和现代化国际大都市。

2.2　深圳人力资源行业的特点

人力资源行业是与人才息息相关的行业,该行业的特点与人口结构、人才情况密不可分。纵观改革开放以来的人口普查数据,可以看到深圳相对于其他一线城市,从改革开放初期人口基数最小的城市,逐渐成为人口增长最快的城市。如图 2-1 所示,截至 2024 年,我国历经 5 次人口普查,40 多年里,当北京、上海、广州的人口翻倍增长的时候,深圳实现了从 35.19 万人到 1 756.01 万人的近 50 倍增长,这样的增长速度给城市带来了无限的活力,在助推经济发展的同时,也为人力资源行业的发展带来了广阔的市场和坚实的人力资源基础。

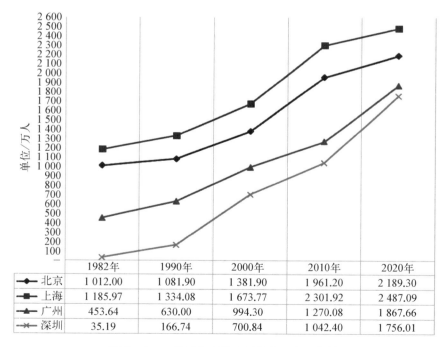

	1982年	1990年	2000年	2010年	2020年
北京	1 012.00	1 081.90	1 381.90	1 961.20	2 189.30
上海	1 185.97	1 334.08	1 673.77	2 301.92	2 487.09
广州	453.64	630.00	994.30	1 270.08	1 867.66
深圳	35.19	166.74	700.84	1 042.40	1 756.01

图 2-1　一线城市 5 次人口普查—人口总数

资料来源:历年人口普查公报数据。

人口的快速增长使深圳迅速蜕变成典型的移民城市。据第七次人口普查数据,深圳流动人口比例为 70.8%,而其他一线城市上海、北京、广州的流动人口比例分别为 42.1%、38.5%、50%。

大量的外来人口在这座城市发光发热,作出贡献。如图 2 - 2 所示,第七次人口普查结果显示,深圳 15～59 岁的人群占比为 79.53%,相比北京的 68.53%、上海的 66.82%、广州的 74.72%,深圳在一线城市中拥有更多年轻的劳动力,更具活力。

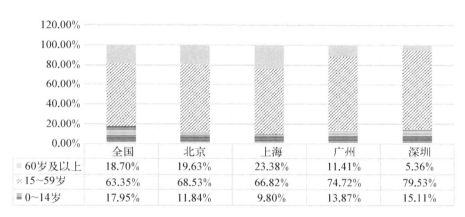

	全国	北京	上海	广州	深圳
60岁及以上	18.70%	19.63%	23.38%	11.41%	5.36%
15～59岁	63.35%	68.53%	66.82%	74.72%	79.53%
0～14岁	17.95%	11.84%	9.80%	13.87%	15.11%

图 2 - 2　一线城市第七次人口普查—人口总年龄构成比例

资料来源:历年人口普查公报数据。

如图 2 - 3 和图 2 - 4 所示,深圳从一个"大农村"发展至 2020 年拥有普通高校 17 所,近 10 年增加了 8 所高校。虽然相对于高校数最多的北京,深圳高校数仅为北京的 18.5%,但从人口受教育程度来看,深圳每十万人大学生数量为 28 849 人,是北京(41 980 人)的 68.7%,说明大量外地高学历人士被吸引到深圳就业和居住。

如图 2 - 5 所示,从 15 岁以上人口平均受教育年限来看,深圳以 11.86 年仅次于北京,2020 年相对 2010 年增加了 0.95 年,高于其他一线城市。来深圳这座年轻的城市,人们除了奋斗拼搏,同时也在努力学习,提升自己的整体教育水平。截至 2023 年底,深圳拥有的人才总量已超过 679 万人,低于北京的 800 多万人,与上海几乎持平。

除了人才基础情况和来源、构成的显著差异外,与其他一线城市相比,

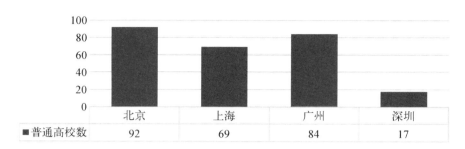

■ 普通高校数	北京	上海	广州	深圳
	92	69	84	17

图 2-3　截至 2020 年一线城市普通高校数量

资料来源：网络数据查询和汇总。

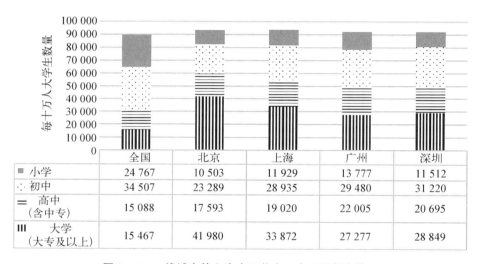

	全国	北京	上海	广州	深圳
■ 小学	24 767	10 503	11 929	13 777	11 512
∷ 初中	34 507	23 289	28 935	29 480	31 220
＝ 高中（含中专）	15 088	17 593	19 020	22 005	20 695
Ⅲ 大学（大专及以上）	15 467	41 980	33 872	27 277	28 849

图 2-4　一线城市第七次人口普查—人口受教育情况

资料来源：历年人口普查统计数据。

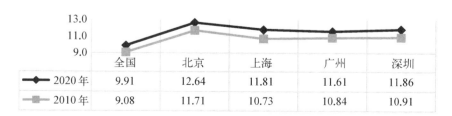

	全国	北京	上海	广州	深圳
◆ 2020 年	9.91	12.64	11.81	11.61	11.86
■ 2010 年	9.08	11.71	10.73	10.84	10.91

图 2-5　一线城市第七次人口普查—15 岁以上人口平均受教育年限

资料来源：历年人口普查统计数据。

深圳人力资源行业面向的客户群体也存在不同。

北京作为国家政治、文化中心,其人力资源行业的客户群体较为多元,包括政府部门、国有企业以及大量高科技企业和研发机构。其人力资源行业在政策研究、行业标准制定方面具有较大影响力。

上海是国际化大都市,经济发达,其人力资源行业的服务对象主要是外资企业、金融机构以及各类专业服务公司。其人力资源行业在市场变化响应、前沿思考和尝试方面较为突出。

广州作为中国南部的经济枢纽,其人力资源行业服务的客户群体以制造业、贸易公司和服务业为主。其在人力资源行业方面展现出高性价比吸引力和随之带来的危机感。

深圳作为改革开放的前沿,产业结构以高新技术产业和创新型企业为主,人力资源行业服务的客户群体偏向科技、互联网和创业公司。其人力资源行业在创新、活力和激情方面表现突出。

如表 2-1 所示,深圳的人力资源机构数量在一线城市中少于北京、上海,从业人数、人均营收也少于京沪。

表 2-1 一线城市人力资源机构情况

城市	人力资源机构数/家	从业人数/万人	营业收入/亿元	数据统计时间	数 据 来 源
北京	3 640	7.5	3 957	2023 年	北京市人力资源和社会保障局《北京市 2023 年度经营性人力资源服务机构年度报告结果和统计资料公示》（发布时间：2024 年 4 月 1 日）
上海	3 082	9.35	5 300	机构数、从业人数：2021 年营收：2023 年	机构数、从业人数：上海市人力资源和社会保障局《2021 年度上海市人力资源和社会保障事业发展统计公报》（发布时间：2024 年 4 月 1 日）营收：上海市人民政府《市人力资源社会保障局召开"人社赋能助力营商"媒体通气会》（发布时间：2024 年 8 月 1 日）

续　表

城市	人力资源机构数/家	从业人数/万人	营业收入/亿元	数据统计时间	数 据 来 源
广州	2 398	5.8	1 477	2022 年	南方网《服务机构达 2 398 家,从业人员近 5.8 万人,广州为人力资源服务业插上数字化翅膀》(发布时间:2023 年 9 月 6 日)
深圳	2 432	6.8	1 200	2021 年	深圳市政府《深圳人力资源服务业年营收逾千亿元》(发布时间:2022 年 5 月 30 日)

拥有如此庞大的人才基础、不同的客户群体、不一样的行业规模,深圳近年在人力资源行业快速发展。

2.2.1　市场主体与营收

"十三五"时期(2016—2020 年),深圳人力资源机构的数量从 716 家增加到 1 933 家,增长率为 169.97%;总营收从 368 亿元增加到 892 亿元,增长率为 142.39%;从业人数从 3.6 万人增加到 4.9 万人,增长率为 36.11%。同期,广州人力资源机构数的增长率为 32.26%,从业人数的增长率为 27.52%,营收增长率为 9.53%。

截至 2021 年底,深圳人力资源服务机构(含劳务派遣)数量达到 2 432 家,从业人数达到 6.8 万人,年度营收约为 1 200 亿元,同比增长超过 30%,保持较好的增长态势。截至 2023 年底,深圳人力资源服务机构中不含劳务派遣的机构数已达到 1 934 家,从业人数约为 5.8 万人,服务企业 22 万家。

2.2.2　政策支持与扶持

深圳市政府出台了《深圳市人力资源服务业发展"十四五"规划》等政策文件,提供经费保障、房租减免、产品创新等支持,形成"1+4"政策体系。

为促进人力资源行业快速发展,深圳对人力资源服务机构的发展壮大给予财政奖励,特别是对年度营业收入达到一定规模的机构以及在国内外上市的机构提供一次性奖励。

积极引进知名人力资源服务机构,对于迁入深圳的中国 500 强、中国服务业 500 强以及世界 500 强中的人力资源服务机构,提供丰厚的落户奖励,以提升本地行业竞争力。

鼓励人力资源服务机构参与公共就业服务,并对成功为重点企业介绍人才的机构提供职业介绍补贴。

强化对人才引进的支持,对引进紧缺人才和高层次人才的人力资源服务机构给予奖励,并通过政府购买服务的方式,支持这些机构提供公益性服务。

注重人力资源服务行业基础设施建设,包括加强人才培养,推动行业标准化,完善统计调查制度,建立行政执法联动机制,以及构建全市域人力资源服务平台。这些措施共同构成了深圳人力资源服务业的全面发展蓝图。

2.2.3　产业集聚效应

深圳高度重视人力资源服务产业园的建设,形成了"一园四区、多点支撑"的深圳人力资源服务产业园布局。这些园区通过提供高质量的物理空间、政策支持和运营服务,成功吸引了大量人力资源服务机构入驻,形成了产业集聚效应。深圳人力资源服务产业园现在全国人力资源产业园中营收规模领先,显示了产业园区建设的卓越成效。

2.2.4　人才吸引力

根据《中国创新人才指数 2023》,一线城市中深圳的创新人才发展水平连续 3 年稳居全国第三,仅次于北京和上海。在创新人才结构方面,深圳位列"技能结构"指标的全国第一,每万人拥有研发人员数连续 3 年保持第一,领先于北京,远超上海。在创新人才效能方面,深圳以 23.40 万件非发明专利授权数位列全国第一,每万人发明专利拥有量以 137.9 件稳居全国第二,与第三名上海拉开较大差距。在创新人才规模方面,深圳高居"人才引进与流动"指标的全国榜首,人口净流入量表现突出;深圳研发人员数近 3 年均位列第二,与第一名北京的差距逐步缩小,由 2021 年相差 8.62 万人降至 2023 年相差 2.92 万人;同时,深圳近 3 年具有正高职称的专家数和两院院士数均稳定增长。在创新人才环境方面,深圳近 3 年共制定创新人才政策 87 项,超越杭州和广州,位列全国第三。

根据《2022 年粤港澳大湾区人才吸引指数研究报告》,深圳市在经济发展、产业结构与规模、科技创新活动与发展、就业环境等事业发展指标项上对人才有较强的吸引力。

2.2.5 技术与创新

第一,深圳人力资源行业在技术与创新方面表现突出,主要体现在科技赋能和数字化转型上。通过运用大数据、人工智能等前沿技术,行业服务模式不断创新,服务效率和质量不断提升。以从深圳本土成长起来的技术创新和数字化解决方案公司金蝶国际为例。该公司与华为合作开发金蝶云·星瀚人力云,面向大型及超大型企业提供 HRSaaS(Human Resource Software as a Service,人力资源软件即服务)产品,集成社交化招聘、人才供给、智能化内部招聘和无代码创作 HR 小应用等功能。而金蝶国际的 s-HRCloud 支持 HR 业务的灵活组装和管理,提供全面的 HR 管理解决方案,并通过开放的云平台实现与各类系统的集成,构建人力资源共享服务平台。金蝶国际的 HR 服务强调智能化与 AI 赋能,通过构建人力资源大模型,实现智能排兵布阵和人才发展,提升人力资源管理的智能化水平;同时提供全员自助服务,包括员工自助查询、在线审批流程、个人档案管理等,提升了 HR 服务的便捷性和效率;引入前沿管理理念,推动 HR 管理的边界、角色和运营进行突破,达成技能匹配任务的共识,致力于通过数字化和智能化技术推动企业人力资源管理的进步。

金蝶国际的产品在"人力资源服务创新创业大赛"中荣获特等奖,体现了其在人力资源管理领域的专业实力和丰富的实践经验。

第二,除了企业自主进行技术创新外,政府的政策支持为行业的技术与创新发展提供了有力保障,通过多项、多维度的财政资助和优惠措施,鼓励技术研发和成果转化。

（1）给予税收优惠。推进营业税改征增值税改革，消除中间环节重复征税问题，并为符合条件的人力资源服务企业提供免税优惠。

（2）拓宽投融资渠道。鼓励人力资源服务企业进入资本市场融资，支持其上市或发行债券，并放宽市场准入，吸引社会资本加入。

（3）鼓励政府购买服务。逐步将适合社会力量提供的人力资源服务交给社会力量，通过竞争择优选择承接服务的社会力量，提高财政资金使用效率。

（4）资助产业园区建设。对经批准认定的人力资源服务产业园给予一次性开园资助和运营补贴，支持园区的公共服务平台和基础设施建设。

（5）设立就业补助。设立就业补助资金用于职业培训补贴、就业见习补贴、一次性创业补贴等，以促进就业创业。

（6）制订发展行动计划。提出实施骨干企业培育计划、领军人才培养计划和产业园区建设计划，推动行业快速发展。

（7）制订科技成果转化行动方案。促进科技成果转移转化，建立技术交易网络平台，支持技术转移人才培养，加强区域性技术转移服务机构建设。

第三，在人才战略模式方面，深圳形成了以深圳人才集团为代表的"人才×科技×资本"的创新模式，实施在人才战略上的独特探索。通过评估企业发展潜力，将部分咨询服务费转化为资本投入企业的方式，以真正将人才视为资本，助力创业企业发展。比如，深圳人才集团通过旗下的千里马国际猎头公司，在与创业创新企业合作时，考虑将部分咨询服务费转化为对企业的资本投入；通过与深圳的战略合作伙伴一起筹备人才产业基金，通过这种"猎＋投"的模式，实现对人才的资本化运作，促进人才与企业共同成长。

2.3　深圳人力资源产业园的发展现状

深圳人力资源产业园是在人力资源和社会保障部、广东省人力资源和社会保障厅的指导下，以立足深圳、服务华南、辐射全国、加快建设粤港澳大湾区人才高地为发展定位，规划了深圳人才园、龙岗区天安云谷智慧广场、南山区深圳湾科技生态园、宝安区人才园四个核心园区，并将前海国际人力资源服务产业园、罗湖区粤港澳大湾区人才创新园作为支撑园区，形成"一园四区、多点支撑"的园区格局，旨在助推深圳、广东乃至全国人力资源服务业高质量发展，促进就业创业，优化人才配置。

2.3.1　各分园区概况

1）深圳人才园

深圳人才园于 2017 年 11 月正式开园，地处福田竹子林片区，园区建筑总面积为 4.5 万平方米。依托深圳人才园一体化的人力资源和社会保障公共服务平台，打造多个功能平台，包括"一站式"人力资源公共服务平台、知名人力资源服务机构入驻园区、人力资源信息发布平台、产业园展示平台和高端人才交流沙龙等。

深圳人才园的定位为：高端引领、科技赋能，致力于建设成为全国领先的人力资源服务创新示范区和产品转化基地。

2）龙岗区天安云谷智慧广场

龙岗区天安云谷智慧广场（以下简称龙岗园区）于 2016 年 7 月开园营运，是深圳市第一家开园运营的人力资源服务产业园，位于龙岗区坂雪岗科技城天安云谷，地处深圳几何中心。该片区路网四通八达，交通便利。龙岗园区核心面积为 1.7 万平方米，通过搭建实体和虚拟两大载体，创新人力资源公共服务、人力资源产业集聚和产城融合保障三大平台，实现园区集聚产业、拓展业态、孵化企业、培育市场四大功能，打造智慧化、市场化、信息化、国际化的园区特色。

龙岗园区的定位为：致力于建设成为深圳乃至华南地区优秀的制造业人力资源服务供应枢纽和中心。

3）南山区深圳湾科技生态园

南山区深圳湾科技生态园（以下简称南山园区）于 2017 年 7 月正式开园，位于南山区粤海街道，总面积为 2.3 万平方米。南山园区地处粤港澳大湾区的核心圈层,周边聚集了众多上市企业及科技创新企业,创业氛围浓厚,创新活力十足。

南山园区的定位为:致力于建设成为深圳乃至粤港澳大湾区优秀的高科技人才配置服务中心。

4)宝安区人才园

宝安区人才园(以下简称宝安园区)位于宝安区福海街道,总面积为1.4万平方米,室外广场面积为4 270平方米,于2017年12月正式运营。宝安园区着力打造集产业集聚、创业孵化、人才交流、综合公共服务、技能人才培养于一体的人力资源综合服务园区,并充分发挥"海归岛"创业就业服务功能,打造园区活动品牌,提升园区软实力,进一步深化园区"一站式"人才服务功能。

宝安园区的定位为:致力于建设成为海归人才和国际人才会展交流服务的枢纽和中心。

5)前海国际人力资源服务产业园

前海国际人力资源服务产业园(以下简称前海园区)于2019年12月揭牌,于2022年1月正式开园。前海园区位于深圳市前海合作区梦海大道前海民生互联网大厦前海国际人才港,建筑面积约为4.8万平方米。战略定位为"以一域服务全局",规划"四港九中心八大业态"功能布局,以"立足前海、辐射湾区、服务国家"为愿景,以聚集港澳台地区及国际人力资源服务机构为主要工作,以吸引更多港澳青年来内地学习、就业、生活为根本使命,围绕"国际、人才、服务、创新"四大要素,构建"线上+线下"服务平台,努力打造深圳人才服务创新展示窗口。

前海园区的定位为:致力于建设成为中国引进全球人才的物理地标、情感地标,建设成为全球人才粤港澳大湾区就业、创业、投资和生活的门户和首选地。

6)罗湖区粤港澳大湾区人才创新园

罗湖区粤港澳大湾区人才创新园(以下简称罗湖园区)位于深圳市罗湖区宝安北路,由罗湖区政府与深圳市人才集团有限公司共建。园区于2019年11月试运营,于2020年11月正式开园,建筑面积为2.5万平方米。罗湖园区聚焦人才产品及人才创新服务,以科技创新为底盘,打造"数字园区＋实体园区"的创新型运营模式,聚焦人力资源企业总部的引入,构建人力资源服务产业大型生态圈——"人力资源和科技＋科技服务＋社会组织＋政务服务",形成多区深入推进服务体系建设、打造园区建设新标杆联动、全面发展的格局。园区提供投资管理、人才基金、IT 研发、"人才优选"职场福利等解决方案,人才 SOHO 数字创业平台、园区综合运营等多项服务,全面聚焦打造人才全生命周期服务的生态圈。

罗湖园区的定位为:致力于建设成为科技引领、为人力资源全生命周期提供全链条服务的创新示范区。

2.3.2 园区产业集聚情况

目前,深圳人力资源产业园聚集了人力资源招聘、培训、劳务派遣、测评、管理咨询、服务外包、高级人才寻访、管理软件服务以及职业社交媒体、大数据、人力资源研究等各类机构,涵盖人力资源服务全产业链。

根据深圳市人力资源服务协会的数据,截至 2023 年 12 月,深圳人力资源产业园共有入驻人力资源机构 1 934 家,涵盖了国内各大人力资源服务一线品牌,包括中智、外企德科、上海外服、前程无忧、智联招聘等。此外,还有细分领域的国内优秀服务供应商,包括垂直细分行业网络招聘服务商一览网络,制造业外包服务龙头英格玛,国内猎头领先者展动力、千里马,以及其他各类规模较大或成长性较好的优质人力资源服务机构。深圳人力资源产业园通过示范引领,在人力资源服务领域切实发挥了聚集、辐射和带动的良好效应,打造了良好的人力资源服务生态圈。

2.3.3 主要经济社会指标

1) 经济效益指标

如表 2－2 所示,截至 2023 年底,深圳人力资源产业园总建筑面积超过 24 万平方米,入驻人力资源机构共 1 934 家,全年营收约为 331.96亿元,纳税额约为 11.26 亿元,成为推动产业集聚发展和服务人才的重要平台。

表 2-2　2023 年中国深圳人力资源服务产业园主要经济效益指标

名　称	开园运营时间	建筑面积/万平方米	入驻企业数量/家	营业收入（含代收代付）/亿元	纳税额/亿元
南山园区	2017 年 7 月	2.3	28	98.01	3.68
宝安园区	2017 年 12 月	1.4	21	98.73	0.2
前海园区	2022 年 1 月	4.8	22	—	—
罗湖园区	2020 年 11 月	2.5	23	36.44	0.21

资料来源：深圳市人力资源服务协会。

2）社会效益指标

如表 2-3 所示，截至 2023 年底，深圳人力资源产业园各人力资源服务机构共提供服务 1 031.72 万人次，服务用人单位 119.78 万家次，为 170.34 万人次提供帮扶就业和有序流动服务，提供招聘岗位 220.93 万个。

表 2-3　2023 年中国深圳人力资源服务产业园主要社会效益指标

名　称	服务人次/万人次	服务用人单位/万家次	帮扶就业和流动人数/万人次	提供招聘岗位/万个
中国深圳人力资源服务产业园	1 031.72	119.78	170.34	220.93

资料来源：深圳市人力资源服务协会。

2.4　深圳人力资源行业面临的挑战

2.4.1　产业结构

深圳人力资源服务业尽管走在全国前沿，但仍然在产业结构方面存在一些问题，主要包括龙头机构较少、产业结构不合理，以及国际化程度偏低。这些问题限制了行业整体竞争力的提升和在全国市场中的影响力。

1）龙头机构

《2023 HRoot 全球人力资源服务机构 50 强榜单与白皮书》发布的 50 强主榜单中，共有 3 家中国企业上榜，分别是中智（CIIC）、上海外服控股集团和科锐国际（Career International）。深圳市人才集团有限公司作为深圳人力资源行业的领军企业，2020 年度被评为深圳市人力资源服务企业综合 10 强之首，但未能进入上述榜单，目前其综合实力更无法与国际知名人力资源机构匹敌，存在较大的提升空间。

如表 2-4 所示，2020 年深圳市人力资源服务企业综合 10 强中有 7 家是从深圳本土成长起来的企业，有 3 家是总部在外地的人力资源企业在深圳设立的分公司。这 3 家里面有在全球排名前三的人力资源公司，也有总部在其他一线城市、具有国央企背景的国内知名人力资源公司，深圳本土人力资源公司面临的竞争格局日益严峻。

表 2-4　2020 年度深圳市人力资源服务企业综合 10 强

排　名	企　业　名　称	总部
1	深圳市人才集团有限公司	深圳
2	深圳南油外服人力资源有限公司	上海
3	深圳市橙信投资发展有限公司	深圳
4	北京外企德科人力资源服务深圳有限公司（FESCOAdecco）	上海
5	中南国际人力资源（深圳）有限公司	深圳
6	深圳市中深力人力资源管理有限公司	深圳
7	深圳市优才人力资源有限公司	深圳
8	深圳市天域人力资源有限公司	深圳
9	深圳市鑫锦程人力资源管理有限公司	深圳
10	深圳红海人力资源有限公司	广州

资料来源：深圳市人力资源服务协会《2020 年度深圳市人力资源服务行业骨干企业名单》。

2）行业结构

如图 2-6 所示,深圳人力资源行业主营业务目前主要集中在人力资源产业链的中游,服务产品多数仍停留在传统的人力资源派遣、人力资源外包、招聘外包、人事代理领域,在软件和信息化产品、猎头、测评、咨询、金融等高附加值业态方面仍偏弱,服务产品技术含量和附加值较低,服务方案的一站式、多元化解决能力整体偏弱,需要进一步优化行业结构,提升服务质量和效率,加强人力资源服务支持高质量发展的能力。

图 2-6 中国人力资源服务产业链分析图

资料来源:《2024 人力资源服务行业发展趋势报告》。

3）国际化程度

深圳企业的人力资源管理在人才"引进来"和企业"走出去"的过程中,面临诸多挑战,特别是对国外人事、法律、税务等方面的陌生,导致企业前往海外拓展业务需要承担较大风险。深圳企业在筹建国际人才库和实施全球化战略时,均需要尽快补齐这一短板。从深圳人力资源 10 强公司的官网信息来看,目前没有可以直接提供此类国际化综合服务的公司,可见深圳本土人力资源服务机构的国际化产品开发能力、渠道拓展能力、服务能力、人才配置等均存在优化提升空间,需要加强国际合作和交流,制定战略规划和行动计划,提升服务的国际化水平。

2.4.2 人才与服务

作为一线城市,深圳的人力资源服务市场竞争激烈,人力资源企业需要不断创新服务模式,提高服务质量,提升专业服务能力,才能保持竞争力。第一,人力资源行业的从业人员既需要具备管理学、心理学、社会学等多学科基础知识结构,在能力素质与专业技能方面也需要经过系统的、与实践相结合的培训。然而,人力资源服务行业尚未有成熟的学科培养机制,院校人力资源管理专业供给的人才难以满足人力资源服务行业发展的需要。第二,调研数据显示,目前从业人员学历水平以大专为主,高学历(硕士及以上)及技术类人才占比低于5%,导致难以建立高素质、高技能的人力资源服务运营和管理团队。第三,相对较高的生活成本、较大的业务竞争压力,极易造成人才流失,尤其对于初创和中小企业而言,人才流失率普遍较高,难以长期吸引和留住人才,行业发展受到一定程度的制约。

2.4.3 园区管理

深圳人力资源产业园建成以来在取得丰硕成果的同时,也遇到了一定的困难和问题。

一是各园区的运营机构、管理方式各不相同,对产业园运营的理解和执行也有所不同,同时,个性化、细分领域服务日渐成为入驻机构人力资源服务的重要部分,如何兼顾各方的发展需求,在深圳产业园发展的统筹协调上存在一定困难。

二是目前各园区场地基本处于饱和状态,缺少大面积成片场地,难以满足大型服务机构的办公需要,较大程度地影响了大型机构入驻园区。同时,各园区在空间拓展上都存在较大的难度,一定程度上影响了产业园的进一步发展。

三是园区的同质化竞争明显,均在争抢全球、全国优质人力资源服务机构进驻,在扶持创新型小企业发展方面存在短板,不利于行业的反垄断,也不利于新型企业激发"鲇鱼效应",从而促进行业健康发展。

2.5　发展建议

深圳市人力资源服务业"十四五"规划致力于推动产业规模的显著扩大,计划至2025年实现年营收超过1500亿元,纳税额超过70亿元。规划着重培育市场主体,包括60家年营收过亿元的本土企业及至少5家年营收超过50亿元的龙头企业,以强化行业竞争力。同时,全面提升服务能力,增强促进就业、服务人才、助力乡村振兴的能力,预计服务企业年均300家次以上,服务求职者超过3000万人次,高级人才寻访配置超过3万人次。重点优化产业结构,旨在发展培训、管理咨询等高附加值业态,提高产业核心竞争力。人才队伍建设方面,提升专业化、职业化水平,优化人才生态,从业人员预计超过7.5万人。创新驱动发展,通过新技术和新业态促进产业融合,推动服务模式创新。此外,鼓励区域协同发展,支持深圳人力资源服务机构在合作城市设立分支机构,提升合作帮扶能力,共同推动人力资源服务业的高质量发展,为深圳"双区"建设提供人力资源支撑。

针对规划内容,具体可从以下三个维度优化和发展。

2.5.1　企业层面

1)加强技术研发和数字化转型

深圳的人力资源公司应积极利用大数据、人工智能、区块链、云计算等新兴信息技术,开发适应就业市场多样化需求的灵活就业平台,向市场提供多样化灵活用工服务产品和解决方案,为劳动者提供居家就业、远程办公、兼职就业的机会,既帮助企业拓宽招聘渠道,又为劳动者提供更多的工作选择,同时还能提升人力资源公司的服务效率和服务质量,规范管理,增强市场竞争力。通过数字化手段,优化传统的人力资源服务流程,同时开发新的服务模式,如在线招聘、AI简历分析、远程面试、直播带岗等,以适应数字化时代的需求。

2)积极拓展国际业务和海外市场

人力资源公司应大胆"走出去",在境外设立分支机构,积极参与国际人才交流与合作,尝试引进国际知名人力资源服务品牌,为深圳市引进海内外高层次人才拓展渠道,开发国际化的人力资源服务产品和方案。

3) 参与公共就业服务和政府购买服务

人力资源公司应注重积极参与公共就业服务,为重点用工企业、高新技术企业服务,享受相应的补贴。同时,政府将人力资源服务纳入政府购买服务的指导性目录,明确和规范进入标准,通过购买服务的方式支持人力资源服务机构提供公益性服务。

4) 加强人才培养和产教融合

深圳的人力资源公司应加强与高校和科研机构的合作,推动产教融合,建立健全人才兼职授课、学生实习、学生实践培养等制度,加快行业骨干人才和基础人才的培养培训,尝试将人才招聘渠道延展至校园,将人才培养实践前置至课堂。

同时在公司内部,应注重人才培养,提供持续的职业培训,设计员工职业发展机制和成长路径,鼓励员工终身学习,同时通过更为多元的机制吸引和留住高端人才。

5) 提升服务质量和推动产业集聚

人力资源公司应通过提升服务质量,创新产品,持续增强核心竞争力,同时积极参与人力资源服务产业园建设,利用园区平台的集聚效应、平台化优势,促进产业协同发展,形成人力资源服务产业集群。

2.5.2 政府层面

从政府服务提供维度看,如表 2-5 和表 2-6 所示,根据《2021 年深圳人力资源发展质量指数报告》,2021 年深圳人力资源发展质量指数为90.37,整体水平较高,较 2020 年增加了 1.04。但从各项满意度得分情况来看,就业创业服务和人事与人才服务满意相对较低,均低于 90.00,主要表现为相关政策信息发布和宣传推广力度不足,对企业的支持力度有待加强,业务办理程序和咨询服务有待改善等。未来工作中应多措并举,持续优化相关就业创业服务和人事人才服务,提升服务满意度。

表 2-5 2017—2021 年深圳人力资源发展质量指数

一级指标	二级指标	三级指标	四级指标	2017 年	2018 年	2019 年	2020 年	2021 年
人力资源发展质量指数	质量水平	人口规模	就业人口规模	93.54	94.70	95.91	97.63	98.45
			城镇新增就业人数	78.80	80.37	89.90	92.27	94.88
			失业人员再就业人数	93.65	96.99	94.63	91.57	92.90
		人口素质	高级专业技术人员占比	100.00	98.46	96.41	94.82	92.87
			博士后新进站人数	74.38	81.31	89.77	90.32	94.35
	发展能力	发展环境	期末城镇登记失业率	74.86	73.60	75.09	71.54	74.40
			失业保险参保人数增长率	100.00	82.52	82.57	90.99	74.21
			仲裁案件结案率	97.12	96.37	96.98	98.51	98.60
		发展潜力	补贴性职业技能培训人数	67.57	67.57	67.57	80.86	81.51
			引进人才落户数	88.86	91.67	92.95	83.64	89.34
			就业人口占比	98.41	97.87	98.17	98.80	99.54
	质量获得感	服务对象满意度	人力资源与社会保障服务满意度	88.21	88.21	88.21	88.21	91.50
深圳人力资源发展质量指数				**87.35**	**87.34**	**88.74**	**89.33**	**90.37**

资料来源：《2021 年深圳人力资源发展质量指数报告》。

表 2-6 2021 年深圳市人力资源与社会保障服务满意度调查结果

地区	人事与人才服务	社会保障与劳动关系服务	就业创业服务	服务体验	满意度综合评价	总体满意度得分	排名
深圳市	**89.92**	**90.53**	**88.73**	**95.25**	**93.09**	**91.50**	**—**
坪山区	92.74	93.58	91.29	95.44	95.33	93.68	1

续　表

地区	人事与人才服务	社会保障与劳动关系服务	就业创业服务	服务体验	满意度综合评价	总体满意度得分	排名
大鹏新区	92.89	92.93	90.22	97.22	95.00	93.65	2
盐田区	90.85	92.27	91.26	96.33	94.67	93.08	3
罗湖区	90.77	93.27	86.07	97.17	95.00	92.45	4
宝安区	89.56	92.03	89.03	95.78	95.00	92.28	5
南山区	90.87	91.39	89.69	94.28	93.00	91.85	6
深汕特别合作区	90.52	91.04	89.96	93.56	91.00	91.21	7
龙岗区	89.22	89.47	85.37	95.17	93.33	90.51	8
光明区	87.43	86.61	85.70	95.67	90.67	89.21	9
福田区	87.63	86.86	88.00	93.22	90.33	89.21	10
龙华区	83.27	86.32	84.67	93.89	90.67	87.76	11

资料来源：《2021 年深圳人力资源发展质量指数报告》。

从助力人力资源企业维度来看,深圳市政府应制定和完善人力资源服务行业的法律法规,加强市场监管,规范市场秩序,保护企业和求职者的权益,保障行业健康有序发展;提高服务质量和客户满意度,激发当地市场活力,促进行业规范化发展,不断与国家、行业标准对接,实现人力资源服务行业可持续发展。通过持续提供税收优惠、资金扶持等政策,鼓励人力资源服务企业的成长与创新。通过建立公共服务平台,提供人力资源市场信息,促进人才与岗位的有效对接。建立和完善人才服务平台,提供职业培训、职业规划等公共服务,为企业和从业人员提供切实的帮助。

从管理人力资源产业园区维度来看,政府可聚焦五大方向发力:一是集聚龙头企业,依托前海国际人才港,引进高端机构,促进合作共赢;二是推动园区联动,与广州市产业园建立合作关系,提升整体竞争力;三是加强科技孵化,培育高端业态,优化产业结构;四是扩大园区规模,增加国家级园区数量,产生规模聚集效应;五是建设前海示范集聚区,创建国际人力资源服务新引擎,推动高质量发展。

2.5.3　行业协会层面

首先,行业协会应致力于推动行业标准化和规范化建设,制定和推广行业服务标准,提升服务质量和行业整体形象。同时,协会应加强行业分类分级评定管理,建立公正透明的评价体系,促进行业内公平竞争和健康发展。

其次,行业协会应积极构建人力资源服务交流合作平台,组织行业论坛、博览会等活动,促进知识共享和经验交流,提升行业整体专业水平。此外,行业协会应加强与高校和科研机构的合作,推动产教融合,培养行业所需的专业人才。

再次,行业协会应引导和支持人力资源服务企业加强技术研发和创新,利用大数据、人工智能等新技术提升服务效率和质量。行业协会可以设立行业高端智库,邀请顶尖专家和领军人才,加强战略性、理论性、基础性研究,为行业发展提供智力支持。

最后,行业协会应加强行业诚信体系建设,开展"人力资源服务诚信示范机构"评选活动,引导企业规范经营,提升管理服务水平。同时,行业协会应推动建立健全行政执法联动机制,维护行业市场秩序,保护企业和求职者的合法权益。

通过这些措施,行业协会可以有效地促进深圳人力资源服务行业的高质量发展,为深圳乃至粤港澳大湾区的经济发展提供强有力的人力资源支撑。

综上所述,深圳人力资源行业的未来发展需要企业、政府和行业协会三方共同努力和协作,通过政策支持、市场引导和行业规范,共同推动行业健康、有序和高质量发展。

3

创业投资行业

自 1980 年成为经济特区以来，深圳经过 40 多年的建设，已经从一个边陲小镇变成了现代化、国际化大都市，成为比肩北京、上海、广州等老牌大都市的超一线城市。过去 30 年深圳经历了高新技术产业突飞猛进的发展，过去 15 年深圳成为令全球瞩目的创新城市，这与深圳发达的创业投资体系和良好的创业氛围密切相关。

深圳是一座诞生了创投行业多个"第一"的城市：新中国第一张股票"深宝安"诞生于深圳；全国上市企业密度第一的南山区位于深圳；全国第一个 CVC（corporate venture capital，企业风险投资）创新中心落户深圳；第一个为创投行业设立节日的城市是深圳……

从一定意义上来说，创业投资市场体系的建设是深圳高新技术产业快速发展、成长为创新型城市不可磨灭的基石。

3.1　深圳创业投资行业的发展历程

3.1.1　早期探索（1997—2000 年）

20 世纪末，深圳开始探索从"三来一补"向技术密集的制造模式转型，如何解决中小科技企业融资难问题成为重要议题。

1997 年 9 月，深圳市政府二届第七十六次常务会议决定成立深圳市科技风险投资领导小组和办公室，负责领导创建深圳科技风险投资机制的工作。这标志着深圳科技风险投资体系的创建工作正式拉开了帷幕。为风险投资专门成立一个市领导亲自挂帅的机构，这在全国是首例。

为启动深圳科技风险投资市场,1997 年 12 月,深圳市建立了风险投资市场的中介组织中科融投资顾问有限公司,为高新技术公司与投资机构、个人牵线搭桥,促进科技与金融的结合。

1998 年 4 月,深圳市委、市政府决定,由市政府出资,创建了深圳市高新技术创业投资公司(简称高新投)及高新技术产业投资基金,尝试引导社会资金及境外投资基金投资深圳的高新技术产业。到 1999 年 8 月,深圳市政府又成立了深圳市创新科技投资有限公司(简称深创投)。深创投成立时注册资金为 7 亿元,市政府投入 5 亿元,社会募集了 2 亿元。这家政府控股公司成立伊始就被授予了自主投资决策、投资范围不受区域限制、投资收益可按比例转作员工奖励等自主权,并得到深圳市政府"不塞项目,不塞人"的公开承诺。时至今日,深创投已经成为中国本土最大的创业投资资本,并进入了哈佛大学商学院的案例库。

1999 年,深圳成为全国首个风险投资试点城市,并发布了相关政策,鼓励国内外风险投资机构在深圳设立分支机构。

2000 年 10 月,深圳市创业投资同业公会正式成立,是国内成立最早、最活跃、深具凝聚力和影响力的地方性创业投资行业自律组织之一。

3.1.2 政策体系成形(2001—2008 年)

进入 21 世纪,《深圳市创业资本投资高新技术产业暂行规定》《深圳经济特区创业投资条例》相继发布,深圳创投政策体系逐渐成形。但在这一时期,创投行业发展也是历经波折。

2001 年,美国互联网泡沫破裂,纳斯达克市值神话随之破灭,再加上国内股市不稳,创业板计划被搁置,本土创投机构翘首以盼的退出渠道悬在半空,创投行业遭到了重大打击。2002 年,仅深圳一地就有近百家本土创投机构倒闭,为创业板而生的深创投也因此过上了"苦日子"。

到 2004 年,深创投已经濒临倒闭。据悉,当时深创投的注册资本是 16 亿元,但是在外未收回的委外理财资金就已经达到 16 亿元左右。

2005 年的股权分置改革,让人看到了创投行业的曙光,本土创业迎来新生。2005 年 4 月 29 日,中国证监会发布《关于上市公司股权分置改革试点有关问题的通知》,宣布启动股权分置改革试点。这也就是载入中国资本历史的"股改全流通"。股改的成功,造就了 A 股历史上的一波大牛市,随之而来的是新股发行的全流通,本土创投此前投资的项目终于可以开始在二级市场退出。

2006 年起,深创投迎来了第一波投资高潮——先是对一些科技企业和创业企业、中小企业加大投资力度,然后是开始大规模全国性扩张,在各地合作成立政府引导基金。

3.1.3　黄金发展时期(2009—2011 年)

随着中小板的推出、上市公司股权分置改革的启动、创业板的正式启动等,创投行业的退出渠道得到完善。2009 年创业板千呼万唤始出来,使得人民币基金"募、投、管、退"全链打通,人民币基金正式取代美元基金,成为创投募资市场的主角。

2009 年 10 月 30 日,深圳创业板首批 28 家公司挂牌上市,其中本土创投参与投资的公司有 18 家,标志着深圳创投业再度迎来黄金发展时期。

2010 年堪称中国创投飞跃式发展的标志性年份。深创投投资的 26 家企业上市,创下了全球同行业年度 IPO 退出的世界纪录。这是深创投的一个高光时刻。以深创投、达晨、同创伟业为代表的本土创投机构强势崛起,成为当年的标志性一幕。

3.1.4　风险与监管(2012—2013 年)

随着行业的迅速发展,监管机构开始正视行业蕴藏的风险,不断探索适当的监管模式。2012 年修订的《中华人民共和国证券投资基金法》将证券类私募基金纳入证券投资基金法的调整范围,使得证券类私募基金获得相应的法律地位。2013 年印发的《关于私募股权投资基金管理职责分工的通知》明确,私募股权基金正式划归证监会统一监管。随后私募基金备案制度启动。

2012 年,中国私募股权(private equity,PE)行业步入寒冬,中概股也在美国资本市场遭受冷遇。8 个月内没有一家中国公司在美国资本市场上市。这一年,A 股迎来了历史上第 8 次暂停新股发行,被投企业上市遥遥无期,一切被打回原形。

投中数据显示,2010 年有 220 笔私募或风投支持的 IPO 获得证监会批准,但 2011 年降至 165 笔,2012 年仅有 97 笔。2013 年,整个 PE 行业迎来了大洗牌,国内 90% 的 PE 投资机构面临倒闭或转型的危机。好消息是,这一年并购重组利好政策密集出台,再加上 IPO 堰塞湖的双重作用,并购作为投资的退出渠道开始逐步升温。

3.1.5 规范化发展(2014 年至今)

2014 年,证监会发布《私募投资基金监督管理暂行办法》,为私募基金行业提供了可操作的管理规则。首批 50 家私募基金管理人中,注册在深圳的私募机构共计 4 家。

2017 年,中国 VC(venture capital,风险投资)/PE 迎来 IPO"丰收年"。由于 IPO 大提速,"7 天收获 3 家 IPO""12 小时收获 2 家 IPO"等各种传奇不断上演。这一年,深创投以 23 家 IPO 笑傲群雄,达晨紧随其后。

2018 年以来,中国创投经历了冰火两重天。一方面,被称为史上最严的"资管新规"落地,"募资难"开始全面爆发。"募资难"的背后,VC/PE 行业正在上演一场悄然无声的生死淘汰赛,一批 VC 慢慢倒下了。另一方面,从这一时期开始,中国创投行业终于告别了蛮荒生长期,开始进入存量竞争阶段。这一年,以拼多多、小米、美团为代表的超级"独角兽"纷纷上市,其背后的投资方所获的回报丰厚。小米的上市也让早期投资人、晨兴资本创始合伙人刘芹创造了一个回报神话。高榕资本创始合伙人张震对拼多多的投资则成为中国创投史上的经典案例之一。

近 10 多年来,深圳发布了一系列政策支持创投行业发展,深圳创投行业生态不断完善。双向开放拉开序幕,不断试点拓展;基金类型趋于多元,引导基金、母基金、并购基金、量化基金、S 基金(secondary fund,二级市场基金)等细分市场开始发展;融资渠道得以拓宽,退出方式更加多元;地方自律行业协会——深圳私募基金业协会成立;市场准入环境不断优化。

2022 年发布的《深圳市关于建设香蜜湖国际风投创投街区的若干措

施》提出,以金融服务科技创新为核心,着眼世界前沿技术和未来科技需求,促进资本要素和科技创新深度融合。同年,深圳发布《关于促进深圳风投创投持续高质量发展的若干措施》,从风投创投角度提出 17 项措施,进一步促进创新资本服务深圳先行示范区创新发展战略,打造国际风投创投中心。

2023 年 11 月,深圳修订《关于促进深圳风投创投持续高质量发展的若干措施》,扶持重点风投创投机构发展,推动募、投、管、退联动发展。

这一时期,深圳创投行业进入规范化发展阶段,行业规模不断扩大,投资领域不断拓展,为深圳乃至全国的科技创新提供了重要支持。

3.2 深圳创业投资行业的发展现状及特点

作为中国最具创业创新活力的城市之一,深圳诞生了深创投、达晨财智、基石资本等一批国内领先的本土创投机构。这些创投机构又扶持成就了一大批高科技龙头企业,为深圳打造全球科技创新高地提供了极大的支持,逐渐形成了创业、创新、创投协同发展的"深圳模式",从而使深圳成为国内创投最活跃、创投机构数量众多、管理创业资本金额大、创业氛围最好的地区之一。

3.2.1 助力科技创新和城市转型升级

目前,深圳已发展成为与北京、上海并驾齐驱的国内领先创投城市。根据《证券时报》统计,截至 2023 年末,深圳共有 1 766 家私募股权、创业投资基金管理人,管理基金规模达 1.53 万亿元,管理人平均管理规模为 8.66 亿元。2023 年全年,深圳新增中国基金协会备案私募股权创投类基金 426 只,位居各大城市首位,其中,创投类基金规模在 2022 年获得 33%强劲增长的基础上,在 2023 年仍保持 14.7%的持续增长。

在助力科技创新方面,截至 2022 年末,深圳私募股权创投基金投资项目为 18 813 个,累计投向全国 14 119 家企业,其中,累计投向9 297 家中小企业,金额为 3 884.5 亿元,累计投向高新技术企业 3 656 亿元。2023 年,深圳举办了 15 场"深圳创投日"活动、66 场路演活动,路演展示了 657 个估值超千亿元的创新项目,累计实现规模超 1 130 亿元的重大基金签约落地。

创投在支持科技创新方面发挥着至关重要的作用。通过资金支持、资源整合和战略指导,创投助力科技成果走出实验室,帮助新兴的科技公司和创业者实现创新理念的转化和商业化,跨越"死亡谷",有效鼓励企业创新。

自 2012 年初至 2023 年第三季度末,深圳市募资规模达 2.43 万亿元,融资金额达 1.11 万亿元。以深圳本土最大的深创投集团为例,其投资企业数量、投资企业上市数量处于行业领先地位,推动中芯国际、华大九天、复旦微电等众多科技创新企业成长。

专栏 2

深圳市创新投资集团有限公司

深圳市创新投资集团有限公司(简称深创投集团)于 1999 年由深圳市政府出资并引导社会资本出资设立。集团以发现并成就伟大企业为使命,致力于做创新价值的发掘者和培育者,已发展成为以创业投资为核心的综合性投资集团,现注册资本为 100 亿元,管理各类资金总规模约为 4 775 亿元。

深创投集团目前管理的基金包括 184 只私募股权基金、16 只母基金和 22 只不动产基金。同时,集团下设国内首家创投系公募基金管理公司——红土创新基金管理有限公司。围绕创投主业,深创投集团不断拓展创投产业链,专业化、多元化、国际化业务迅猛推进。

在创投业务板块,深创投集团主要投资中小企业、自主创新高新技术企业和新兴产业企业,涵盖新一代信息技术、高端装备制造、生物技术与健康、新材料、新能源与节能环保、现代服务等行业领域,覆盖企业全生命周期。集团坚持"三分投资、七分服务"

的理念,通过资源整合、资本运作、监督规范、培训辅导等多种方式助推投资企业快速健康发展。

截至 2024 年 4 月 30 日,深创投集团投资企业数量、投资企业上市数量居行业领先地位:已投资创投项目 1 807 个(企业 1 508家),累计投资金额约为 1 081 亿元,已退出 589 家投资企业(含IPO)。其中,268 家投资企业分别在全球 17 个资本市场上市(不含新三板)。专业的投资和深度的服务,助推了康方生物、怡合达、腾讯音乐、西部超导、宁德时代、华大九天、迈瑞医疗、天岳先进、恒玄科技、中芯国际、信维通信、睿创微纳、潍柴动力、复旦微电、华大基因、英科医疗、荣昌生物、澜起科技、稳健医疗等众多明星企业成长,也成就了深创投集团优异的业绩。

凭借在创投领域的杰出表现,深创投集团在中国投资协会股权和创业投资专业委员会、清科管理顾问集团有限公司、投中信息咨询(上海)有限公司等权威机构举办的创投机构综合排名中连续多年名列前茅。2016—2022 年,在清科中国创业投资机构年度评选中,深创投集团均为本土创投机构第一名。

(资料来源:深圳市创新投资集团有限公司官网。)

3.2.2　政策支持打造国际风投创投中心

近年来,深圳发布了一系列政策促进创投行业持续高质量发展,支持打造国际风投创投中心。2022 年,深圳市政府发布《深圳市关于建设香蜜湖国际风投创投街区的若干措施》《深圳市支持金融企业发展的若干措施》《深圳市扶持金融科技发展若干措施》《关于促进深圳风投创投持续高质量发展的若干措施》等多项政策,促进创新资本服务深圳先行示范区创新发展战略,打造国际风投创投中心。同时,深圳市地方金融监督管理局会同各相关部门正式启动"深圳创投日"系列活动,助力深圳创投生态建设,促进创新创投要素流通。2024 年,深圳进一步修订《关于促进深圳风投创投持续高质量发展的若干措施》，重点对于新设立或新迁入机构、重点创投机构以及投早、投小、投科技的创投企业给予重点支持。

深圳创投业国际化试点政策领先全国，从 QFLP（qualified foreign limited partner，合格境外有限合伙人）试点政策来看，准入门槛已全面放开。相较于京沪两地，深圳删除了外商投资股权投资管理企业（外资私募基金管理人）、QFLP 以及有限合伙人（limited partner，LP）的准入要求，包括删除外资私募基金管理人最低注册资本、最低出资、投资者净资产和高管任职条件等要求，全面放开准入门槛。在最新政策中，深圳允许 QFLP 参与投资境内私募股权、创业投资基金，这意味着允许外资母基金的投资对象包括股权投资基金。该条款也鼓励所投资的私募股权、创业投资基金直接投资于实体经济企业。深圳市地方金融监督管理局提供的数据显示，截至 2023 年底，深圳通过 QFLP 试点管理企业超过 200 家，发起 QFLP 基金 62 家；QDIE（qualified domestic investment enterprise，合格境内投资企业）试点管理企业 79 家，同意出境额度达 20.85 亿美元。

专栏 3

深圳市创业投资同业公会

依据深圳市政府发布的《深圳市创业资本投资高新技术产业暂行规定》（深府〔2000〕96 号令）相关规定，深圳市创业投资同业公会（简称深圳创投公会）于 2000 年 10 月 13 日正式成立，是国内成立最早、最活跃、深具凝聚力和影响力的地方性创业投资行业自律组织之一。深圳创投公会会员包括优秀创投机构、创新型企业、机构出资人及相关中介服务机构等。2003 年发布的《深圳经济特区创业投资条例》专章明确了深圳创投公会的法律地位和相关职责。深圳市地方金融监督管理局是深圳创投公会的业务主管单位，深圳市科技创新委员会是深圳创投公会的业务指导单位。

深圳创投公会至今已伴随深圳乃至全国创投行业走过了 20 余

载。20多年来，深圳创投公会坚持"对接政策支持，共建创投生态，坚守行业自律，实现一流服务"的宗旨，不断完善管理，提升服务能力和水平，围绕创投机构的"募、投、管、退"四个环节，开展各项富有成效的活动，积极组织、引领、协调、服务会员，强化行业自律管理，维护行业和会员的合法权益，充当好政府与创投企业沟通的桥梁、创投企业与创新创业企业连接的纽带，构建创新、创业、创投生态体系，推动深圳创投行业持续健康发展。

在深圳创投公会的引领下，深圳创业投资业从小到大，勇于探索，大胆创新，立足深圳，面向全国，走出了一条具有中国特色的创业投资发展之路。深圳创投机构积极配合国家产业政策和创新驱动发展战略，专注投资培育中小微科技创新型企业成长，创业投资基金呈现多元化、专业化发展格局，新的投资模式不断涌现，创新、创业、创投联动，创业投资生态体系不断完善，为深圳打造具有全球影响力的创业投资中心不断注入新的活力。

多年来，深圳创投公会为完善我国创业投资生态体系建设积极出谋划策（包括参与深圳及国家有关部委创业投资相关政策法规的制定、修订），坚持开展创投从业人员和创业企业家专业培训，持续开展项目投融资对接活动；创新机制，与银行、担保、券商、会计师、律师、产权交易所、科技创业服务中心、创新孵化器等建立战略合作联盟。

新时期，深圳创投公会致力于转型成为创投生态公会，扩大会员边界，除了着力发展100家创投优秀会员外，还将发展100家创新型企业，100家LP（limited partner，有限合伙人）机构，100家中介服务机构、科研院所、孵化器、FA（financial advisor，财务顾问）等，形成创新、创业、创投协同发展的新生态。与此同时，深圳创投公会联合全国创投行业组织，积极向国家相关部门呼吁：把创投行业作为国家科技创新的组成部分，纳入国家发展战略，给予系列针对性支持政策。

（资料来源：深圳市创业投资同业公会提供。）

3.2.3 "20＋8"产业集群基金纷纷设立

2022年,深圳市发布《深圳市人民政府关于发展壮大战略性新兴产业集群和培育发展未来产业的意见》等政策文件,按照"一集群一基金"的理念组建产业基金群。"20＋8"产业集群基金更加垂直、更加聚焦,更有针对性地支持引导社会资本投向战略性新兴产业和未来产业集群,开创了政府引导基金助力产业发展的新模式。"20＋8"产业集群基金的第一批基金管理机构公开遴选在2022年底已经正式启动,围绕合成生物、智能传感器、新能源汽车、生物医药等产业,基金目标规模达165亿元。第二批"20＋8"基金主要围绕7个产业集群,配置5只专项基金,包括新材料产业基金、高端装备产业基金、数字创意装备产业基金、脑科学与类脑智能产业基金、细胞与基因产业基金,累计规模为85亿元。

经过20多年的发展,深圳创投行业已经形成了自身的鲜明特点。

一是民营创投活跃。民营创投是深圳创投行业中的重要力量,民营创投比重大、活跃度高,使深圳成为区别于北京、上海的特殊存在。深圳作为国内三大创投重镇之一,产生了同创伟业、松禾资本、君盛投资等本土创投机构,为深圳的科技创业、经济发展作出了巨大贡献。

二是以市场主导为主。与北京的国企背景、上海的外资主导明显不同,深圳的创投机构市场化意识较强,更加注重本土化,往往具有更强的市场敏感度和更快的响应速度,能够迅速捕捉到新兴行业和创新技术的投资机遇。这种市场主导的特性,促使深圳成为孕育新型商业模式和技术创新的热土,吸引了大量寻求快速成长机会的创业企业和项目。

三是合作共生的行业文化。深圳创投行业的一个突出特点是机构间的合作多于竞争,形成了独特的抱团合作文化。这不仅仅体现在面对外部竞争时的团结一致,更重要的是在资源共享、项目挖掘、风险共担以及投资退出等方面的深度合作。尤其在面对高风险、长周期的科技创新项目时,多家机构联合投资成为常态,不仅能分摊风险,还能整合各自的优势资源,为被投企业提供从资金到管理、市场拓展等全方位的支持。这种合纵连横的策略,促进了深圳创投生态的多元化和稳定发展,增强了整个行业的抗风险能力和可持续发展能力。

四是正在形成集群生态。随着 VC/PE 投资步入硬核科创时代,人民币基金的优势越发彰显,深圳创投业迎来了绝佳的发展契机。目前,深圳已拥有一批以人民币基金投资为主、专注硬科技投资、在全国具有影响力的本土创投机构,形成了以本土人民币基金为特色的创投产业集群。随着深圳着力打造"20＋8"产业集群,深圳将形成更具区域产业鲜明特色的创新、创业、创投生态。

五是政府与市场的高效协同。深圳市政府在推动创投行业发展的同时,注重发挥市场机制的基础性作用,通过制定前瞻性的产业政策、提供高效的政务服务和营造公平竞争的市场环境,实现了政府引导与市场驱动的有效结合。政府的积极作为和适度介入,加速了优质项目与资本的有效对接,促进了产业与资本的深度融合。

六是金融科技助力产业升级。深圳依托其在金融科技领域的领先地位,利用大数据、人工智能、区块链等先进技术,为创投行业赋能,提高了投资决策的精准性和效率。金融科技的应用,使得深圳创投行业能够更有效地识别潜力项目,优化资源配置,同时也为被投企业提供了更多元化的融资渠道和增值服务。

3.3 深圳创业投资行业面临的挑战

深圳创投行业近年来确实取得了显著的发展,但同时也面临着一些挑战和问题。

3.3.1 创投行业"募资难",长线资金进入限制较严

中国基金协会的数据显示,2024 年全年,私募基金市场上的管理人数量、产品数量、规模三者均缩水。截至 2024 年 12 月末,存续私募基金管理人为 2.03 万家,管理基金数量为 14.42 万只,管理基金规模为 19.91 万亿元。与 2023 年底相比,存续私募基金管理人减少了 1 336 家,管理基金数量和管理基金规模则分别减少 8 924 只、0.67 万亿元。前六大辖区[上海

市、北京市、深圳市、广东省(除深圳)、浙江省(除宁波)、江苏省]中,深圳辖区的私募基金管理人缩量最显著,在 2024 年减少了 293 家,降至 3 107 家,2024 年底的管理规模为 1.96 万亿元,较 2023 年底减少 1 848.09 亿元。

其实自 2018 年资管新规实施以来,创投募资难度就在加大。2018 年深圳创投募集资金新增 300 亿元,较 2017 年的 1 693 亿元大幅下降。据清科数据,2023 年深圳新募集股权投资基金 730.17 亿元,同比大幅下降 31.8%,低于北京的 1 005.64 亿元。同为国内金融业发达地区,京沪两地均已领先深圳,新募基金规模率先进入千亿级别。

同时,深圳新募基金呈现出基金数量多、平均规模小的特征。据统计,2023 年深圳新募集股权投资基金数量为 409 只,平均规模仅为 1.78 亿元,远低于同期京沪两地的平均规模。

近年来,深圳新募基金规模较小的主要原因有如下四点:一是深圳创投以人民币基金为主,外资美元基金设立较少。2021 年,深圳创投公会对注册在深圳的 48 家创投企业代表进行了问卷调查,数据显示,有 44 家创投企业管理的是人民币基金,仅有 4 家是人民币/美元双币基金,没有一家设立纯美元基金。上海创投企业较为普遍的是设立双币基金或纯美元基金。如启明创投管理 9 只美元基金,资产规模超过 56 亿美元。二是深圳缺乏国家级产业引导基金。截至 2024 年底,深圳仅设立 100 亿元的市级天使母基金及 1 000 多亿元的市政府引导基金,缺乏国家级产业母基金。上海除了上海市层面设立的政府引导基金外,仅 2020 年就落地了国家中小企业发展基金(规模为 357.5 亿元)、国家绿色发展基金(规模为 885 亿元)、国企混改基金(首期规模为 707 亿元)3 只国家级产业母基金。三是深圳市政府引导基金返投比例要求高。根据 2018 年的《深圳引导基金管理办法》,深圳市政府引导基金返投比例为出资额的 1.5 倍,高于上海和青岛等地的要求。上海闵行区反投比例为出资额的 1.3 倍,青浦区、杨浦区、黄浦区等区未设置反投比例;青岛的返投比例为出资额的 1.1 倍。四是长线资金进入不畅。当前,地方社保基金等长期资本仍不能直接投资股权,必须委托全国社保基金理事会进行投资。银行、保险资金受 2018 年发布的资管新规影响,通过资管产品、资金池等渠道募集创业投资资金受阻,资金进入通道不畅,导致主要从事创业投资的机构资金供应端"青黄不接"。

3.3.2 创投机构"投资难",本地可投的优质项目相对京沪偏少

在投资方面,受制于募资端萎缩,深圳本地创业投资活跃度也受到负面影响。2023年,深圳股权投资案例总数为1 042例,投资金额为570.33亿元,分别同比下降21.7%和25.7%。同期,北京为1 259例,投资金额为851.21亿元;上海为1 249例,投资金额为1 506.94亿元。可见,无论是投资案例数还是投资金额,深圳皆落后于京沪,已不是最为活跃的创业投资市场。

优质可投项目是创投业赖以发展的基础。相较于北京、上海,深圳本地优质创投项目增长乏力,在"双创"中的技术成果转化与转移、市场对接方面相对不足。一是深圳的技术创新供给与京沪有差距。据科技部火炬中心公布的2022年全国技术合同登记情况,2022年,深圳市共认定登记技术合同14 685项,成交总额为1 575.68亿元;北京经认定登记的技术合同数量为95 061项,成交总额为7 947.51亿元;上海经认定登记的技术合同数量为38 265项,成交总额为4 003.51亿元。二是深圳本地优质企业数量不及京沪。《中国独角兽企业研究报告2023》显示,2022年,深圳的独角兽企业为36家,低于北京的76家和上海的63家。2023年第五批专精特新"小巨人"企业公示名单显示,深圳共有310家企业通过审核,新增数量超过了北京(243家)、苏州(230家)和上海(206家),位居全国第一。从累计数量来看,深圳拥有743家国家级专精特新"小巨人"企业,高于上海,但与北京的834家仍有差距。此外,深圳未来产业的发展基础较弱,如量子技术等产业,不具备北京、上海、合肥的先发优势。深圳要打造未来产业,仍需要从外部引进人才、技术和项目。

3.3.3 创投资金"退出难",私募股权二级市场发展滞后

目前,国内创投企业退出渠道较窄,大多为IPO、并购等方式。相较而言,北京、上海在私募二级市场方面领先于深圳。

深圳私募二级市场的建立较为滞后。目前,深圳尚未建立私募二级市

场交易场所。与之相比,北京早在 2010 年就建立起中国首个 S 基金交易平台——北京金融资产交易所,并于 2020 年 12 月成为证监会批复的全国唯一股权投资和创业投资份额转让试点城市。而上海也在 2014 年上线股交中心私募股权投资基金份额报价系统,2021 年 7 月,中共中央、国务院提出在上海浦东设立国内第二家 S 基金公开交易平台。此外,深圳 S 基金交易规模与北京相差较大。2019 年 12 月,深创投在珠海发布设立目标规模 100 亿元的 S 基金,首期规模约为 50 亿元。与之相比,2021 年 9 月,北京金融局指导、中科院投资的国科嘉和基金作为管理人、通州区承接的首只"做市基金"——北京"科创接力基金"首期目标规模高达 200 亿元。

深圳 S 基金交易规则尚未形成。在 S 基金交易规则方面,北京、上海走在前列,而深圳尚未形成交易规则体系。2010 年,北京发布《北京金融资产交易所 PE 交易规则》;2021 年,北京股权交易中心发布了与股权投资和创业投资份额转让相关的 11 项业务规则;6 月 25 日,国内首个基金份额转让交易的指导意见《关于推进股权投资和创业投资份额转让试点工作的指导意见》也在北京发布。上海股权交易中心也在 2014 年发布《上海股权托管交易中心私募股权投资基金份额登记规则》。

深圳专业私募股权投资服务中介较为缺乏。目前,深圳服务于 S 基金交易全流程的咨询顾问公司、资产评估公司、财务尽职调查公司等专业化中介机构紧缺,在评估资产价值、处理法律流程等方面的服务供给不足,影响和制约了创投行业 S 基金的发展。

3.3.4　创投税收"减免难",优惠力度不及京沪

目前深圳财税优惠政策仅为地方层面的规范性文件,而京沪两地均已按照 2021 年最新颁布的国家层面的试点政策执行,且优惠力度较大。深圳迄今仍根据《深圳市促进创业投资行业发展的若干措施》(深府规〔2018〕27 号)文件,执行财税〔2018〕55 号规定。创投企业代表反映当前深圳创投行业税负较重,深圳至今未制定专门的税收优惠政策,而北京、上海等地通过加大税收优惠和返还力度减轻创投企业税负,促进了创投业的快速发展。

创投行业税率整体偏高，征税方式不合理。国家级高新技术企业可享受 15％ 的企业所得税税率，但作为助推器的创投机构及其有限合伙人却要承受 25％ 的企业所得税税率，投资企业上市后，创投企业股权收益还需缴纳 6.4％ 的增值税及附加。现行对创投企业的征税方式在单个项目退出时，便核算当期应纳税所得额，并缴纳相关税费，而创投企业一般采用"先回本、后分利"的整体成本收益核算方式，单个项目退出往往无法覆盖整只基金的投资成本。

深圳税收优惠政策力度不足。国家对深圳创投业没有优惠的税收政策，深圳市政府也未出台税收返还的减负政策。对比而言，国家对北京（中关村）、上海（浦东）创投业税收优惠政策支持力度较大。比如，企业转让持有 3 年以上股权所得，超过年度股权转让所得总额 50％ 的，按个人股东持股比例减半征收企业所得税；转让持有 5 年以上股权所得，超过年度股权转让所得总额 50％ 的，按个人股东持股比例，免征收企业所得税。在上述基础上综合测算，北京（中关村）、上海（浦东）的个人股东"应纳税率"可从 40％ 降至 27.5％，甚至 20％。

税收优惠政策受益面窄。深圳迄今仍在根据《深圳市促进创业投资行业发展的若干措施》执行财税〔2018〕55 号规定，即投资未上市中小高新技术企业和初创科技型企业可按投资额的 70％ 抵扣应纳税所得额。实操中，由于中小高新企业和初创科技型企业认定条件多、门槛高，符合条件的企业极少。据税务部门统计，2020 年深圳实际享受上述税收优惠政策的创投企业仅有 7 家。北京、上海的税收优惠政策受益面为整个试点区域的公司型创投企业，并未额外增加"投资于种子期、初创期科技型企业满 2 年"等要求，适用范围较广。

3.3.5　创投人才"引力弱"，政策力度渐显不足

人才是成就创业项目的核心，也是促成创业项目与资本结合的媒介。在吸引人才方面，深圳相较于北京、上海存在先天劣势。首先，北京、上海的优质高校毕业生规模远超深圳，深圳人才供给相对不足；其次，深圳在中小学教育资源和优质医疗资源方面弱于北京、上海，对人才缺乏吸引力；最

后,深圳居住成本高企,进一步降低了对人才的吸引力。近年来,深圳人才引进力度虽然处于全国领先地位,但在具体做法上仍然存在不足,一定程度上减弱了人才激励带动创投业发展的政策效果。北京和上海分别作为我国科研资源和金融资源的集聚地,汇集了大量的专业创投人才。深圳在科研资源方面落后于北京,在金融资源方面弱于上海,在人才吸引方面,与"第一梯队"差距逐渐拉大。同时,深圳对创投人才的引进也面临"后起之秀"的挤压。同期,珠海横琴、杭州等地相继推出支持创投业发展的政策。此外,深圳创投人才培养未能有效整合资源,无法汇集专业人才。深圳拥有资本市场学院、北大汇丰、清华研究生院、长江商学院等一批在金融、管理高端人才培养方面拥有优质资源的教育机构,但仍然缺乏成体系的专业培养项目。

3.4 发展建议

创业投资作为金融支持科技创新、布局发展未来产业、推动产业转型升级的重要资本引擎,对于促进经济高质量发展具有重要的现实意义。深圳作为我国创投行业的重要策源地和聚集地,需要进一步优化创业投资发展环境,集聚全球顶级创新资本要素资源,推动战略性新兴产业及未来产业高质量发展。

3.4.1 进一步明确创业投资的定义,规范创投行业发展

2023 年 7 月颁布的《私募投资基金监督管理条例》明确了创业投资基金实施差异化监管,为创业投资支持创新创业营造更好发展环境。《国务院关于促进创业投资持续健康发展的若干意见》也明确提出:"创业投资是实现技术、资本、人才、管理等创新要素与创业企业有效结合的投融资方式,是推动大众创业、万众创新的重要资本力量,是促进科技创新成果转化的助推器,是落实新发展理念、实施创新驱动发展战略、推进供给侧结构性改革、培育发展新动能和稳增长、扩就业的重要举措。"实践中,对创业投资的定义一直含糊不清,在以硬科技投资为主的新时代,应正本清源,还原创

业投资本质,把创业投资的各项支持政策落到实处,推动创业投资持续健康发展,为高水平科技自立自强提供强大引擎。

早在 2000 年,深圳就发布了国内首部创业投资行政规章《深圳市创业资本投资高新技术产业的若干规定》,明确提出了创业投资的概念。2003年,深圳市人大常委会又制定颁发了全国首部创业投资法规《深圳经济特区创业投资条例》,明确创业投资的定义是:"向创业企业进行股权投资,以期所投资创业企业发育成熟或相对成熟后主要通过股权转让获得资本增值收益的投资方式。"2005 年,国家十部委颁发的《创业投资企业暂行管理办法》采用了深圳的这一定义。2016 年,国务院颁发的"创投国十条"中,对创业投资的定义增加了"处于创建或重建过程中的未上市成长性创业企业"的定语。2021 年,国家发展改革委出台的《创业投资主体划型办法(征求意见稿)》中,又增加了"创新性"的定语,并明确"被投资创业企业发展阶段,可以分为种子期、初创期、成长期和成熟期等",即科技创新企业全生命周期。创新是引领经济和社会发展的第一动力。加快构建促进创业投资发展的制度环境、市场环境和生态环境,形成有利于创业投资发展的良好氛围和"创业、创新＋创投"的协同互动发展格局。

3.4.2 多管齐下,缓解创投机构"募资难"

建议深圳市政府与各方积极协调配合,完善监管政策体系,提高市场规范化水平,多维度增加创投资本来源,缓解创业投资机构募资难的问题。

1) 推动引导基金持续出资,支持创业投资高质量发展

市场化母基金是创业投资不可或缺的资金组成部分。设立市场化母基金一定程度上可以通过强化基金的调节效应来实现招商引资的功能,而市场化的性质又能实现财务投资目标。

建议深圳市政府建立以市场化母基金与政府引导基金并重的母基金结构,在全国率先由市政府牵头,组织有关国资平台、上市公司、保险公司及银行等金融机构,共同发起设立规模不低于 1 000 亿元的人民币市场化母基金,分批到位,定期遴选,在重点支持深圳本土创业投资机构的同时,不断吸引全国优秀创投机构及基金落地,在全国创投基金募集上占领高

地,更好地服务于深圳战略性新兴产业集群发展和未来重点产业发展壮大。

2) 建立长线资金形成机制,引导保险、养老资金进入创业投资领域

自资管新规落地以来,募资难成为创投行业的常态。当前,我国创投产业长线资金供给严重不足,资金结构亟待优化。美国的养老基金、保险资金、捐赠基金等各类长期资本对创投的配置超过 70%,因此美国创投基金期限多超过 10 年,能够从容地投早、投小、投创新。

在我国,这些长线资金进入创投领域在制度安排上仍缺乏统筹设计,养老金、险资出资考核机制阻碍长线资金进入,加上监管部门对资金支持创投的必要性认识不足,导致长线资本匮乏,造成我国创投基金存续期限普遍较短,以"5+2"甚至"3+2"为主,无法从更长周期支持我国科技创新企业的发展,创投基金投早、投小、投创新的意愿不强。

建议通过改变投资绩效考核机制等方式,鼓励大型保险机构向创投基金出资,增加保险资金进入创业投资的比例;鼓励养老金部分结余(如在深圳等结余充裕的城市)试点进入创投基金;在已有的养老金个人账户基础上进一步提高个人养老金缴费额度,允许个人养老金适量配置创投基金等高回报资产,补充创投市场的长线资金来源,从更长周期支持中国创新发展。

3) 加快探索将部分银行存款、理财资金引导、转化为创业投资基金的合理、合规途径

当前,我国银行的债权融资结构已无法满足科创时代的发展需求。由于资产结构特点、发展预期不确定性高、盈利预期远、风险较高等因素的存在,中小型科技企业的债权资本可得率低,需要依托创投资金这样的直接融资工具作为重要的发展资金来源。因此,应加快建立与科创时代相适应的创新资本供应体系,扭转以债权资本为主的资金结构,加大创投类创新资本供给。

银行应扮演将债权资本转化为股权创新资本的重要角色,建议对创投基金豁免资管新规的久期错配限制,采用额度制管理的方式,允许大型银行利用雄厚的实力,归拢社会闲散资金,设立专项"资金池",持续支持创业

投资发展,通过"银行＋创投"模式,满足科创时代的创新资本供给需求。

4）通过政府增信,支持创投管理机构发债,探索基金发债创新模式

鼓励各地采取贴息、担保等政府补贴和增信措施,支持合格创投管理机构发行 5～10 年中长期的创投专项债券,拓展创投管理机构中长线资金来源,帮助其开展创业投资管理业务,推动各地创新创业发展。探索创投基金发债的合理、合规新模式,如扩大双创债的发行主体范围,允许有限合伙制创投基金发债,在负债比例可控的情况下(如发债规模不高于 LP 合计出资额的 30％),通过结构化资金安排,实现"股债联动",缓解创投基金募资难问题,提高创投基金的投资能力。

3.4.3 争取中央支持,优化创投税收政策,鼓励社会资本参与创投,激发民间投资活力

目前,税负过重已严重制约社会资本(特别是高净值个人 LP)进入创投领域,导致创投资本严重不足,创投基金投资培育创新创业企业的资金减少,不利于科技创新企业的快速成长。建议从创业、创新、创投统筹协调发展的角度,运用税收优惠政策,鼓励长期投资,引导民间耐心资本进入创投行业,助推国家创新创业战略的实施。

1）参照高新技术企业给予投资机构相应优惠

创业投资的大力支持,促进了创新创业企业的快速成长;创新创业企业的不断涌现,又为创业投资提供了源源不断的投资标的。因此,可从国家创新发展战略的高度,给予创业投资企业税收优惠,对投资于国家战略性、安全性、"卡脖子"等领域的创投机构,参照高新技术企业给予 15％的所得税税率优惠,引导创投资本支持科技自立自强。

2）争取中央支持给予税收优惠

在第二批综合改革试点清单中,把创业投资税收优惠"双 15"纳入其中,力争在河套、前海实施,聚集全球优秀创投机构,加快构建具有国际影响力的创业投资中心,加快深圳国际科技创新中心和现代化创新型城市建设。

3）鼓励引导长期价值投资

根据投资期限采用差别优惠税率和灵活税收抵扣政策,鼓励长期价值

投资。可参考国际惯例,投资期限越长税率越低,以鼓励个人LP进入创业投资领域。建议在按年度所得整体核算方式下,投资期限3年以上5年以下的采用20%的税率,5年以上8年以下的采用15%的税率,8年以上的采用10%的税率,进一步促进民间耐心资本进入创业投资领域,丰富创业投资资本来源。

3.4.4 积极推动优秀创业投资管理机构上市做大做强,促进行业专业化、品牌化、国际化高质量发展

借鉴欧美发达国家经验,把握资本市场全面注册制改革的契机,制定相应标准,允许、鼓励、推动符合条件的头部创投管理机构通过IPO、并购重组等方式登陆资本市场做大做强。建立、健全创业投资与资本市场等金融基础设施的互联互通机制,帮助优质创投管理机构成长壮大,尽快缩短本土创投与欧美发达国家创投行业的差距。此外,大型创投机构兵强马壮,拥有丰富的投资策略、完善的风控体系,更有可能带来长久的投资回报。对于一些深耕细分行业、有独特打法的"小而美"创投机构也应给予政策支持,全面触达创新创业各领域,促进更多科技创新企业快速成长。

3.4.5 推动"双Q"业务发展,壮大创业投资规模

针对跨境直接投资领域出现的新形态和新需求,积极拓宽利用外资和对外投资渠道。深圳现有100亿美元的QDIE(qualified domestic investment enterprise,合格境内投资企业)额度,为全国最高,率先开放外资管内资、内资管外资的新模式,累计吸引外资QFLP管理企业189家,发起QFLP基金58只,在管规模达500亿元。QDIE管理企业75家,促进投资总额度超过20亿美元,成为全国最畅通的境内外资本双向循环的通道。因此,在现有基础上,应进一步加大力度,吸引中东主权基金、新加坡和中国香港等地资本落地深圳,同时,鼓励深圳本土优秀创投机构"走出去",更好地融入全球产业链供应链,投资更多前沿性项目,促进深圳国际科技创新中心建设。

3.4.6 多渠道纾解"退出难"问题,促进创投行业良性循环

中国基金协会的数据显示,截至 2022 年末,我国现有私募股权和创业投资基金管理人共计 14 303 家,我国已备案的存续基金产品数量共 50 878 只,存量基金总规模约 13.77 万亿元人民币。然而,从基金清盘情况来看,粗略估算,截至 2022 年底,我国已完成清算的私募股权及创投基金共 12 139 只,仅占基金累计总量的 19.26%。大量到期项目无法顺利退出,形成退出"堰塞湖"。截至 2022 年末,深圳创投机构投资的项目有18 813 个,"退出难"问题也十分突出。

在国内,目前创投基金 90% 以上的项目退出主要通过 IPO 实现,并购基金、S 基金发展相对滞后。伴随着全面注册制的到来,一级市场估值过高可能造成估值倒挂,上市可能带来一级市场过高估值的"泡沫戳破效应"。创投机构很难再靠"pre-IPO"投资模式获利。而能够上市的企业毕竟是极少数,更多的项目无法如期退出。因此,需要想方设法多渠道纾解"退出难"问题,打通创投基金良性循环的所有环节,更专注地投资培育科技创新企业。

1) 大力发展并购投资

并购是企业规模扩张和成长最快的方式。并购投资基金是优化并购市场功能的重要力量。建议深圳市政府出台优惠政策,鼓励发展并购投资基金,大力培育并购市场。从深圳创投机构"投早、投小"适度转向关注并参与并购投资,通过并购,盘活存量,创造增量,帮助创新创业企业做大做强,促进产业更快转型升级。充分利用深圳上市公司数量众多的优势,搭建并购项目合作平台。加强对优秀并购案例的宣传,扩大并购投资的影响力,转变创业者不愿意接受企业被并购的观念,逐步形成以并购退出为主的新模式和良好氛围,并把深圳打造成为国内一流的并购投资市场。

2) 鼓励发展 S 基金,建立 S 交易市场

创投基金存续期内,若投资者将其持有的基金份额转让给其他投资者以实现退出,这种操作即为"私募基金二手份额转让",提供交易服务的场所称为"私募股权二级市场",从事私募基金二手份额转让交易的基金则被

称为 S 基金。S 基金为投资者提供了更加多元化的退出方式。S 基金的发展,离不开政策的支持。建议深圳市政府设立 100 亿元规模的市场化运作的 S 基金,促进 S 基金发展,以增加市场流动性,建立公允估值体系,规范交易流程,提升引导基金份额的退出效率,抢占 S 交易市场高地,进一步丰富创投退出渠道。

3) 创新机制,设立清算基金

支持创投基金规模化机构联合发起清盘基金,以基金方式,受让尾盘基金在管项目,加快市场尾盘基金清算退出,提高市场退出效率,通过专业化的资产管理,挖掘项目价值,实现基金增值和多方共赢。

4

物流与供应链行业

    自 20 世纪 80 年代起步以来,深圳物流与供应链行业经历了快速发展和转型升级的过程。作为中国的经济特区之一,深圳凭借独特的地理位置优势和开放的政策,成为国际物流的重要节点。近年来,深圳物流业的市场规模持续扩大,尽管面临着人力成本上升等挑战,但行业整体展现出强劲的发展势头。深圳物流与供应链行业正朝着数字化、智能化、绿色化的方向发展。企业积极采用物流信息化技术、智能技术和自动化物流设备,以提高效率、降低成本并增强市场竞争力。政府也在积极推动相关政策和标准的出台,鼓励技术创新和可持续发展。未来,深圳将继续利用其在技术创新方面的优势,进一步优化供应链管理,推动物流行业的高质量发展,构建更加高效、绿色的智慧物流生态体系。

4.1　深圳物流与供应链行业的发展历程

    从 2023 年下半年到 2024 年开春,宝安区福永街道福围社区作为深圳"国际物流村"的知名度持续提升。2024 年 2 月 14 日,新华社发表文章《新春走基层｜春节不打烊 中国制造从深圳"国际物流村"出海》。2024 年 3 月 1 日,央视财经频道《经济信息联播》栏目报道广东深圳"国际物流村"节后业务繁忙,货运量同比增超两成。园区开足马力装卸货的忙碌景象,被媒体广泛报道。

    "国际物流村"的发展历程可以追溯至 20 世纪 90 年代,因其靠近深圳宝安国际机场并有便捷的陆路交通连接香港,自 20 世纪 90 年代起就开始吸引物流企业在此聚集。彼时的福围还是一个典型的城中村,但物流业的初步发展为其后来的转型奠定了基础。20 世纪 90 年代至 21 世纪初,随着中国经济的快速发展和全球贸易量的增加,福围社区逐渐成为物流企业的集中地。物流产业在这个阶段得到了较快发展,形成了较为成熟的产业集群。进入 21 世纪,福围社区的物流企业开始加速数字化和智能化转型,以应对日益增长的跨境电商业务需求。在线交易、交易链条缩短等优势,让跨境电商成为福围社区物流业的新亮点。2024 年,福围社区的物流企业发往俄罗斯、东南亚、欧美等地的订单量同比增长 20%,显示出跨境电商对当地物流业的强劲推动力,福围社区成为中国乃至亚洲重要的物流中心之一。

福围社区的发展历程是深圳物流与供应链行业发展的一个缩影。而深圳市物流与供应链行业的发展从 1979 年便已开始,并经历了萌芽阶段、快速发展阶段、国际化与网络化阶段以及转型升级与技术创新阶段四个阶段。

4.1.1　萌芽阶段

1979 年至 20 世纪 90 年代初,深圳作为中国改革开放的前沿阵地,早期的物流活动主要伴随特区的建立和外资引入而兴起,服务于加工制造业的进出口需求。这个时期的物流形态较为原始,主要解决的是货物的基本运输和仓储问题。

1979 年 7 月,蛇口港区在五湾开工建设深圳第一个 3 000 吨级泊位,这是深圳物流基础设施建设和物流业发展的开端。这标志着深圳开始拥有现代意义上的物流基础设施,为后来的物流业发展奠定了物理基础。

1980 年,深圳港口开始运营,深圳物流业随着特区开放政策的实施逐渐兴起。1982 年,赤湾港区开工建设,这是深圳物流业发展中的又一个重要节点。赤湾港的建设大大提升了深圳的港口吞吐能力和物流服务水平,使其能够处理更多种类的货物,包括集装箱和散杂货。随着深圳经济特区的快速发展,物流服务开始形成,包括仓储、运输和配送等基本内容,以满足日益增长的进出口贸易需求。

1996 年,深圳市政府开始研究现代物流业发展策略,提出了构建物流运输平台和信息平台的战略,这意味着深圳物流业开始从单纯的服务提供转向专业化和信息化的方向。

4.1.2 快速发展阶段

20 世纪 90 年代至 21 世纪初,随着深圳经济特区的迅速发展,物流需求激增,促使物流行业开始专业化和规模化发展。在这个阶段,深圳物流业引入现代物流理念和技术,如条形码、物流信息系统等,提升了物流效率和服务水平。

20 世纪 90 年代,随着全球经济一体化的加速,供应链管理被引入深圳,企业开始意识到供应链的优化对于降低成本、提高效率和增强竞争力的重要性。企业开始应用供应链管理工具和技术,如物料需求计划(MRP)、企业资源计划(ERP)等,以实现供应链的可视化和可控性。深圳市政府将物流业确立为支柱产业之一,重点发展以港口为核心的现代物流中心。同时,深圳市政府开始组织研究深圳现代物流业发展策略,并提出建设"区域性物流中心"的发展目标,推动物流业的系统化和现代化发展。深圳的物流业在这一时期迅速扩张,物流服务企业数量增加,服务范围和质量得到提升。

1994 年,深圳物流与供应链管理协会成立。这是国内较早成立的物流与供应链管理领域的行业协会,旨在为会员企业提供交流平台和专业服务,推动行业标准化和规范化发展。

20 世纪 90 年代末至 21 世纪初,信息技术在物流和供应链管理中的应用越来越广泛,包括条形码、射频识别(RFID)技术和互联网等,提高了物流操作的自动化和信息化水平。深圳的港口设施得到了大规模的建设和升级,如盐田港、赤湾港和蛇口港的扩建,提升了港口的吞吐能力和效率,巩固了深圳作为国际航运中心的地位。陆路运输网络包括高速公路、铁路和航空网络的扩展和优化,增强了物流业的连通性和可达性。

这些发展共同推动了深圳物流与供应链管理领域的现代化,使深圳成为华南地区的物流枢纽,也为后续的持续发展奠定了坚实的基础。

4.1.3 国际化与网络化阶段

在 2000 年至 2010 年,深圳供应链管理行业经历了深刻的变革和快速的发展,特别是在深化供应链管理、技术创新、供应链金融的兴起以及标杆企业的涌现等方面。深圳物流业通过发展跨境物流、国际货代等服务,构建起全球供应链网络,服务于国际贸易和全球生产链。

随着信息技术的进步,ERP(企业资源计划)、CRM(客户关系管理)、SCM(供应链管理)系统在企业中广泛应用,提高了供应链的透明度和协同效率;定位、传感器等新技术在物流和仓储管理中的应用,使得实时跟踪和监控成为可能,进一步提升了供应链的智能化水平;企业开始更加注重整个供应链的集成管理,从采购、生产、仓储到分销和客户服务的全过程,追求供应链的整体优化。精益思想被引入供应链管理,它强调消除浪费、提高效率和加快响应速度,以满足市场和客户的需求。

2000 年以后,随着物流行业的整合,供应链金融服务逐渐成熟,为中小企业提供融资渠道,降低资金成本,优化现金流。商业银行开始提供基于供应链的信贷业务,为企业及其供应商提供融资和其他结算、理财服务。深圳涌现了一批专注于特定行业或环节的供应链服务企业,如招商局物流集团有限公司(现招商局物流集团)、深圳市银河供应链管理有限公司、深圳市十方供应链管理有限公司等。这些企业通过提供定制化的供应链解决方案,帮助客户提升竞争力。其中,招商局物流集团有限公司等企业成为供应链管理领域的领军者,以其高效的物流网络和先进的供应链解决方案获得了市场的认可。

此外,深圳供应链金融协会的成立促进了供应链金融上下游机构和企业的有效交流与深度合作,推动行业规范化、标准化发展。

深圳市政府出台了多项政策,支持物流与供应链管理领域的创新与发展,主要政策如表 4-1 所示。

表 4-1　2000—2010 年深圳相关政策列表

时　间	政　策	内　容
2002 年 10 月	《关于加快发展深圳现代物流业的若干意见》	主要包括物流基础设施建设、培育现代物流企业、人才引进与培训、政策环境优化等方面

时　间	政　策	内　容
2006 年 6 月	《深圳市现代物流业"十一五"发展规划》	阐述了深圳市物流业在"十一五"期间的发展目标、战略重点和实施路径
2009 年 8 月	《深圳市贯彻实施国家〈物流业调整和振兴规划〉方案（2009—2012 年）》	响应国家层面的《物流业调整和振兴规划》而制定，旨在推动深圳市物流业的结构调整和产业升级

4.1.4　转型升级与技术创新阶段

面对电子商务的爆发式增长和全球经济一体化的新要求，深圳物流与供应链企业加速转型升级，引入智慧物流、大数据分析、云计算等先进技术，实现物流作业的自动化、智能化，并通过绿色物流、冷链物流、供应链金融服务等创新模式，推动行业持续升级。

进入 21 世纪第二个十年，深圳物流与供应链企业加速拥抱数字化技术，运用物联网（IoT）、大数据、云计算、人工智能（AI）等前沿技术，实现物流作业的自动化、智能化和可视化。例如，通过智能仓库管理系统提升库存准确率和拣选效率，利用大数据分析优化物流路径和预测市场需求，以及应用 AI 算法进行资源调度和风险控制。深圳鼓励和支持建设智慧物流信息平台。这些平台整合了物流资源，提供一站式物流解决方案，包括货物追踪、智能调度、在线交易、数据分析等服务，有效降低了物流成本，提高了供应链响应速度。在转型升级的过程中，深圳物流行业积极响应国家碳达峰、碳中和的目标，推广使用新能源物流车辆，建设绿色仓储设施，实施包装减量化和循环利用策略，推动物流行业的绿色发展。深圳还致力于将数字技术与传统产业融合，促进低碳转型和产业链结构优化，从而推动整个城市的绿色和可持续发展。

深圳凭借其金融中心的地位，积极探索供应链金融创新，为企业提供基于供应链数据的融资服务，解决中小企业融资难问题，增强了供应链的稳定性与资金流动性。深圳物流与供应链企业不断加强与国际伙伴的合作，参与全球供应链重构，通过建立海外仓，加强国际物流网络建设，提升全球供应链的灵活性和韧性。

深圳市政府在此阶段发布了多项政策(见表4-2),如《深圳市促进物流供应链企业高质量发展工作措施》和《深圳市加快推进供应链创新与发展三年行动计划(2023—2025年)》,明确了供应链创新与应用示范高地的建设目标,从政策层面推动物流与供应链企业的技术创新、模式创新和服务创新。

表4-2　2010—2024年深圳相关政策汇总

时　　间	政　　策	内　　容
2012年11月	《深圳市现代物流业发展"十二五"规划》	提出"一高、两市、三中心""3521"布局
2014年9月	《关于促进深圳电子商务物流业发展的若干措施》	促进电商物流创新融合发展,完善电商物流基础设施建设,推进电商物流行业规范管理等
2017年1月	《深圳市现代物流业"十三五"规划》	推动深圳物流产业的升级,提升物流服务的水平和效率,促进物流业与相关产业的深度融合发展
2016年12月	《深圳市重点物流企业认定管理办法》	推动深圳市物流业的供给侧结构性改革与高质量发展,培育具有国际竞争力的现代流通体系领军企业
2018年9月	《〈深圳市现代物流业发展专项资金管理办法〉航空业(深圳飞子项)及港航业项目实施细则》	指导和管理深圳市现代物流业发展专项资金中有关航空业和港航业项目的具体操作
2019年1月	《关于促进深圳市供应链金融发展的意见》	推动供应链金融服务实体经济,有效防范供应链金融风险
2022年3月	《深圳市综合交通"十四五"规划》	聚焦于构建现代化、国际化、高品质的综合交通体系,支撑深圳建设中国特色社会主义先行示范区和全球海洋中心城市的目标
2022年7月	《深圳市现代物流基础设施体系建设策略(2021—2035)及近期行动方案》	推动深圳物流业向现代化、智能化、绿色化和国际化方向发展
2023年8月	《深圳市促进物流供应链企业高质量发展工作措施》	促进物流供应链企业的高质量发展,提升深圳物流行业的整体竞争力

时　间	政　策	内　容
2023 年 9 月	《深圳市加快推进供应链创新与发展三年行动计划（2023—2025 年）》	加快推进供应链创新与发展，建设具有深圳特色的供应链示范城市，提升供应链核心竞争力
2023 年 10 月	《关于深圳市加快建设具有全球重要影响力的物流中心的意见》	指导深圳物流业的高质量发展，确立深圳在全球物流领域的领导地位
2023 年 12 月	《深圳市支持低空经济高质量发展的若干措施》	促进低空经济领域的企业成长和技术创新
2024 年 2 月	《深圳市推动外贸稳规模稳份额稳增长工作措施》	发布了"稳外贸 24 条"具体措施，积极推动供应链金融服务创新，以支持外贸企业的稳定增长
2024 年 4 月	《深圳市关于金融支持供应链高质量发展的实施意见》	通过金融手段推动供应链的高质量发展，增强供应链的稳定性和竞争力

在全球化的背景下，物流与供应链管理已成为链接全球经济活动的重要纽带。物流作为供应链的一个关键组成部分，专注于实物流动过程，包括商品加工、包装、运输、配送等一系列操作。供应链则是一个更为宏观的概念，涵盖了从原材料供应商到最终消费者的整个链条，涉及商品所有权转移及伴随的价值流、资金流和信息流融通。

作为中国最早的经济特区之一，深圳在物流与供应链领域的发展具有重要的示范意义。从早期的物流基础服务提供商到现在的供应链集成服务商，深圳在物流信息化、自动化、智能化方面取得了显著进步。近年来，深圳物流行业增加值逐年增长。2023 年，深圳物流业的增加值达到 3 522.35 亿元人民币，物流业增加值占 GDP 的比重超过了 10%。据深圳市交通运输局统计，截至 2022 年底，深圳拥有的物流企业超过 8 万家，其中，上市企业 10 家，市重点物流企业数量 103 家，供应链服务企业超过 4 000 家。根据 2025 年 1 月 20 日深圳市政府的数据，深圳已累计认定了 147 家跨国公司总部企业，而这些企业包括地区总部、总部型机构及事业部总部。此外，中国（深圳）国际物流与供应链博览会在 2023 年取得了历史性突破，不仅展会规模空前，观众参与度高,而且论坛活动丰富,科技与创新成果显著,国际影响力也得到了显著提升。这些数据都凸显着深圳物流与供应链行业演绎的奇迹。

从零起步,深圳物流与供应链行业用 40 多年的时间完成了从"聚量"到"聚变"的蜕变。这种变迁使深圳物流与供应链行业在中国乃至全球物流格局中拥有更多的话语权。

4.2　深圳物流与供应链行业的发展现状

4.2.1　行业发展现状

1) 总体规模与增长速度

我们统计了深圳近 5 年的物流行业增加值、货物运输总量、货物运输周转量、快递业务量、快递业务收入、港口货物吞吐量、进出口总额等数据,以分析深圳物流与供应链行业总体发展情况。

深圳物流行业增加值在近年来呈现出稳步增长趋势,如图 4-1 所示,从2019 年的 2 739.82 亿元人民币增长至 2024 年的 3 781.58 亿元人民币,其中,2021 年同比增长速度达到了 11.45%。至 2025 年,深圳有望实现物流业增加值 4 000 亿元人民币的目标,并进一步巩固其在全球物流领域的影响力。

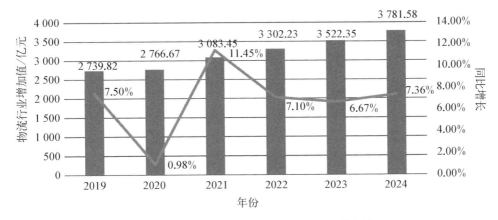

图 4-1　2019—2024 年深圳市物流行业增加值

资料来源:《深圳统计年鉴 2023》。

图 4-2 为 2020—2024 年深圳的货物运输总量,可以看出,2020—2024 年,深圳货物运输总量经历了不同程度的变化,反映出全球经济波动、疫情冲击以及深圳物流行业自身发展的动态。2020 年和 2022 年,受疫情影响,深圳的货物运输总量同比增长分别下降 4.7%、6.9%。到了 2023 年,随着全球经济逐步复苏,深圳的货物运输总量实现了显著增长,显示了深圳物流行业在面对外部不确定性时的强大恢复力和持续增长潜力。

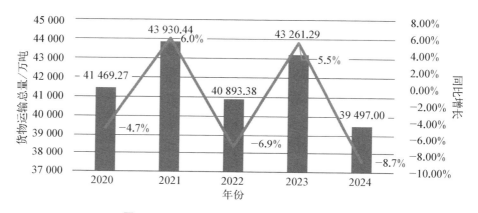

图 4-2 2020—2024 年深圳市货物运输总量

资料来源:《深圳统计年鉴 2023》。

图 4-3 显示,2020—2023 年,深圳货物运输周转量呈现出稳步增长趋势,从 2020 年的 2 015.25 亿吨公里增长至 2023 年的 2 451.66 亿吨公里。

2019—2024 年,深圳的快递业务量呈现稳定且显著的增长趋势(见图 4-4)。这反映了电商行业的蓬勃发展和物流基础设施的不断完善。2019 年,深圳的快递业务量为 42.2 亿件,同比增长 31.4%。2022 年,受疫情影响,深圳的快递业务量有所下降。2023 年,随着经济的逐步复苏,物流行业也逐渐恢复正常,深圳市全年快递业务量累计完成 63.7 亿件,同比增长 9.8%。其中,跨境快递业务量达到 10.5 亿件,同比增长 24.7%。

深圳 2024 年的快递业务量相比于 2019 年增加了近 34.5 亿件,增长率约为 81.8%,而跨境快递业务的增长率高达 51.2%,显示出跨境电商业务的强劲发展势头。

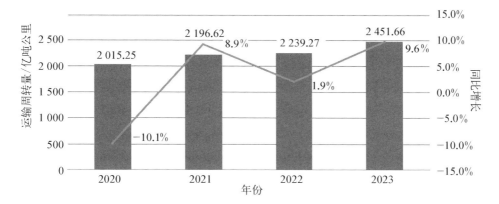

图 4-3　2020—2023 年深圳市货物运输周转量

资料来源：《深圳统计年鉴 2023》。

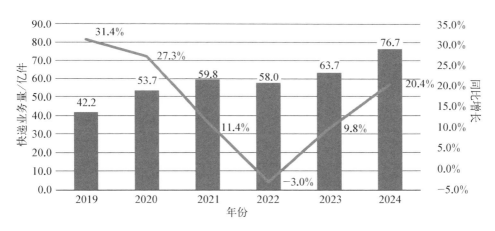

图 4-4　2019—2024 年深圳市快递业务量

资料来源：《2023 年深圳邮政行业发展统计公报》。

如图 4-5 所示，2019—2024 年，深圳市快递业务收入呈现显著上升趋势。其中，2019 年和 2020 年的快递业务收入同比增长分别达到了 28.2％和 17.1％，增长速度较快。2020—2022 年，受疫情的影响，快递业务收入有所波动，但均超过 600 亿元。到了 2023 年，物流与供应链行业逐渐恢复正常，快递业务收入又开始回升，实现收入 668.4 亿元，同比增长 11.0％。

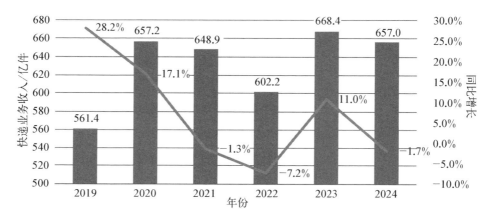

图 4-5　2019—2024 年深圳市快递业务收入

资料来源:《2023 年深圳邮政行业发展统计公报》。

如图 4-6 所示,深圳市港口货物吞吐量从 2019 年的 25 785.32 万吨增长至 2024 年的 31 789.62 万吨,增长了大约 6 004.3 万吨,增长率约为23.29%,显示出深圳港在全球供应链中的重要性和韧性。

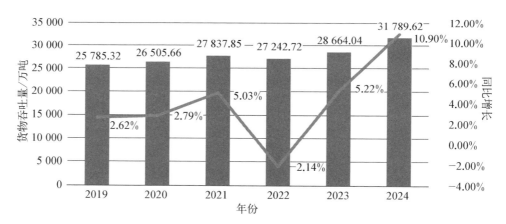

图 4-6　2019—2024 年深圳市港口货物吞吐量

资料来源:《深圳交通运输数据发布》。

2019—2024 年,深圳市进出口总额稳定增长,特别是在 2024 年创下历史新高。2024 年,深圳市全年进出口总额约为 4.50 万亿元,同比增长16.4%,创下历史新高,居中国城市首位;深圳市出口总额约为 2.81 万亿元人民币,同比增长 14.6%,连续 32 年位居中国城市首位。

2）区域分布与产业集群

区域分布与产业集群紧密相关,深圳市在物流节点与园区的布局上,体现了与周边城市及全球网络高度联动的特点。

（1）在物流节点方面,深圳港位于珠江口东岸,由盐田港、蛇口港、赤湾港、妈湾港等多个港区组成,是全球最繁忙的集装箱港口之一,承担着大量的国际贸易物流。深圳宝安国际机场不仅是航空货运的重要枢纽,还拥有综合保税区,为进出口贸易提供便捷的服务。

（2）在园区分布方面,盐田港物流园区依托盐田港,成为华南地区重要的物流集散地;蛇口物流园区位于南山区,与蛇口港紧密相连,服务于高端制造业和商贸业;深圳福田保税区是深圳市内重要的保税物流中心;前海深港现代服务业合作区侧重于高端服务业和供应链金融,是深港合作的重要平台;龙岗平湖物流基地是深圳东部的物流枢纽,服务于周边的制造业和电子产业。

（3）在产业集群方面,龙岗区和宝安区是深圳制造业的集中地,涵盖电子信息、机械制造、新材料等行业,与物流园区紧密结合,形成了高效的供应链体系;福田区、南山区和罗湖区聚集了大量的服务型企业,涵盖金融、科技、设计和高端商务服务,与物流业相互促进、共同发展。

（4）在与周边城市的联动方面,深圳与香港的物流联系极为紧密,两地的港口、机场、陆路口岸构成了高效的一体化物流网络;深圳与东莞、惠州两个城市在制造业供应链上有深度合作,物流服务延伸至这些城市,形成互补的产业链;通过高速公路和铁路,深圳与广州、珠海、中山、江门等地建立了稳定的物流通道,共同构建了粤港澳大湾区的物流体系;深圳作为全球供应链的重要节点,其物流与供应链服务辐射全球,与世界各地的主要港口和物流枢纽建立了直接或间接的联系,是国际贸易和跨境电商的重要枢纽。

总之,深圳充分利用了自身独特的地理位置、完善的基础设施和高度发达的产业集群,与周边城市及全球市场形成了高效、紧密的联动机制,成为国际物流和供应链管理的典范。

3）行业服务平台与信息化建设

深圳市行业服务平台的信息化建设在近年来取得了显著的进步,尤其是在口岸物流信息平台、电子商务物流平台和供应链管理服务平台等方面。

（1）深圳口岸物流信息平台在信息化建设方面取得了长足进步。例如，深圳港和深圳宝安国际机场都实施了信息化改造，提高了通关效率和物流处理速度。口岸物流信息平台致力于数据共享与集成，实现了海关、检验检疫、港口运营方等多部门的信息互联互通，减少了物流环节中的信息孤岛问题，实现了数据的共享与集成，通过引入物联网、大数据、云计算等技术，实现了物流过程的实时监控和预测分析，增强了物流管理的透明度和可控性。

（2）深圳电子商务平台与物流服务紧密结合，多家知名电商平台在深圳设有物流中心，如京东、菜鸟网络等，提供快速配送和逆向物流服务。电子商务物流平台还广泛应用了自动化分拣系统、无人配送车、无人机等智慧物流技术，提升了物流效率和客户体验。深圳是跨境电商的重要基地，其跨境电商物流平台提供了从海外采购、清关、仓储到国内配送的全流程服务，促进了跨境电商业务的繁荣。

（3）深圳供应链管理服务平台强调供应链上下游的协同作业，通过整合订单管理、库存控制、生产计划等功能，实现了供应链管理的优化和成本的降低。平台提供供应链金融服务，如应收账款融资、存货融资等，帮助中小企业解决资金流动问题。基于大数据分析，供应链管理服务平台为企业提供市场趋势预测、风险评估等决策支持，帮助企业做出更精准的供应链策略。

（4）深圳公共技术服务平台致力于促进资源的网络化共享，为企业提供研发、检测、认证等技术支持，降低企业的研发成本。平台提供与国际接轨的服务，帮助企业遵循国际标准，提升产品和服务的国际市场竞争力。

深圳市行业服务平台正朝着更加智能化、集成化和精细化的方向迈进。深圳正在构建高效、智能的行业服务平台，以支持企业数字化转型。随着全社会环保意识的提高，信息化平台也注重绿色物流的实践，推广低碳、环保的物流解决方案。

4）科技创新与技术应用

深圳市在物流供应链科技创新与技术应用方面处于全国乃至全球的前沿,特别是在物联网、大数据与 AI 技术、区块链等领域,展现了高度的集成与创新。

深圳广泛部署了物联网传感器、RFID、GPS 等技术,用于货物跟踪、环境监控、设备状态监测,从而实现实时数据采集和智能分析。自动化仓库系统利用物联网技术进行库存管理和货物搬运,如自动化存储与检索系统,提高仓储效率和准确性。

物流企业利用大数据技术收集和分析海量的物流数据,进行需求预测、路线优化、库存管理等,以减少浪费,加快响应速度。AI 技术,如机器学习和深度学习等,被应用于自动化客户服务、智能调度、价格优化等场景,提高了决策的精准性和效率。AI 驱动的机器人流程自动化和自动化物流设备在深圳的物流中心和仓库中得到广泛应用,减少了人工失误,提高了运营效率。

区块链技术被用于建立可信的供应链网络,提供端到端的可追溯性和透明度,增强供应链的信任度和安全性。智能合约在深圳市的供应链管理中扮演着重要角色,自动执行交易规则,减少人为干预,加速交易流程,降低交易成本。深圳的物流供应链企业正在构建集成的物流信息平台,整合物联网、大数据、AI 和区块链技术,提供全方位的物流解决方案。

随着双碳目标的落实与生态文明建设的深化,深圳物流行业正加速构建绿色智慧供应链体系。通过 AI 算法构建智能路径规划系统,实现碳排放强度降低,同时推广循环经济模式,应用智能包装系统提升可回收材料的使用率;在技术创新领域,行业积极布局 5G＋物联网融合应用,建设智能仓储管理系统,通过边缘计算实现设备实时监控与能耗优化,运用 AR/VR 技术打造沉浸式物流培训场景。这些创新实践不仅提升了行业运营效率,更推动深圳物流产业向低碳化、智能化方向跨越式发展。

总之,深圳的物流供应链科技创新与技术应用正展现出蓬勃的生命力,通过集成各种先进技术,不断优化物流流程,提高供应链效率,同时致力于打造更加智能、绿色、安全的物流生态系统。

4.2.2 行业细分市场分析

1) 物流业基础服务业

(1) 航空物流。深圳的航空物流市场在近几年获得了显著的增长,这得益于深圳的经济活力、科技创新能力和优越的地理位置。全球航空物流市场持续扩大,预计未来几年将保持稳定增长。深圳作为中国南方的航空枢纽,在这一增长趋势中占据重要位置。深圳机场在 2024 年的航班量超过 42.8 万架次,同比增长 9.7%,货邮吞吐量达 188 万吨,同比增长17.6%。这表明深圳机场的航空物流业务量大幅增加。空运跨境电商成为推动深圳航空物流市场增长的一个重要因素,显示出市场对高效、快捷的航空货运服务的强烈需求。随着科技的不断进步,尤其是 5G、云计算、区块链等新兴技术的应用,深圳航空物流市场将迎来新的发展机遇。

(2) 港口物流。2024 年,深圳港口的货物吞吐量为 31 789.62 万吨,同比增长 10.90%,日均达 87.09 万吨;集装箱吞吐量为 3 339.86 万标准箱,同比增长 11.78%,日均为 9.15 万标准箱。深圳港口物流主要依托于深圳港,深圳港由多个港区构成,主要包括蛇口、赤湾、妈湾、盐田、大铲湾等。每个港区各具特色,服务于不同的物流需求。深圳港年集装箱吞吐量超过 3 000 万标准箱,是世界领先的集装箱港口。在战略位置上,深圳港邻近香港,便于承接香港的转口贸易,同时深圳作为华南地区的门户,服务于国内与全球的贸易往来。深圳港物流服务完善,可以提供仓储、运输、包装、配送等一系列物流增值服务,满足不同客户的个性化需求。深圳港采用多式联运,与铁路、公路网络紧密衔接,形成海陆空一体化的物流体系。

(3) 公路物流。公路物流在深圳的物流网络中发挥着重要作用。深圳拥有发达的高速公路系统,连接周边城市和省份,确保货物的快速流通,提供门到门的城市配送服务,覆盖深圳及周边地区的商业和居民区。针对生鲜食品、药品等特殊货物,深圳有专业的冷链物流体系,以保障货物的新鲜度和安全性。公路物流服务提供商广泛采用 GPS 定位、电子追踪等技术,实现货物全程可视化管理。

深圳的航空、港口和公路物流相互配合,形成了一个高效率、高灵活性的物流网络。深圳市政府及相关部门持续投资于物流基础设施的升级和物流服务的优化,以适应不断变化的市场需求和全球经济环境。深圳的物流业还在不断探索新的技术和模式,如物联网、大数据、人工智能等,以提升物流效率,降低运营成本,增强供应链的透明度和可靠性。此外,深圳还积极参与国际物流标准的制定,推动物流行业的可持续发展。

2)供应链管理服务

深圳供应链管理服务市场在近年来呈现出快速增长的趋势,这得益于深圳作为国际贸易和物流中心的地位,以及政府对于物流和供应链行业的政策支持。深圳市交通运输局的数据显示,截至2022年底,深圳的供应链服务企业超过4 000家,这一数字占到全国同类企业的80%以上,这表明深圳不仅是全国供应链管理服务业的集中地,而且该行业的市场高度发达,竞争激烈。众多企业中不乏像怡亚通、东方嘉盛、朗华、越海全球、华富洋这样的行业龙头,它们在进出口贸易、制造业支持、商品流通等方面发挥着关键作用。

深圳市政府积极推动物流与供应链行业的转型升级,包括建设全球供应链管理服务中心,旨在强化深圳在全球供应链网络中的关键节点作用。深圳的服务业增加值预计在2025年超过2.5万亿元,物流供应链服务业作为其中的重要组成部分,有望迎来更多的政策利好和发展机遇。

3)冷链物流

受益于肉类、果蔬、水产品、乳品、速冻食品以及医药制品等冷链产品运输需求的快速增长,深圳冷链物流市场规模持续扩大,尤其在医药冷链物流领域。尽管发展迅速,但深圳冷链物流仍面临一些挑战,如冷库资源有效利用率低、行业内部竞争分散无序、生鲜农产品冷链流通率较低等问题,这些问题限制了冷链物流业效率的提升和成本的控制。

面对挑战,深圳积极推动冷链物流的智能化、信息化发展。利用物联网、大数据、云计算等技术,实现冷链物流的全程监控、智能调度和温度管理,提高了冷链物流业的效率与安全性。智慧化转型既提升了深圳冷链物流业的国际竞争力,又为行业可持续发展提供了技术支撑。深圳在冷链物流基础设施建设方面不断投入,盐田区冷链园区的成功运作,如万纬有信达深圳盐田冷链园区的首单保税冷冻物品物流业务的完成,标志着深圳冷链物流业正从传统模式向更加现代化、专业化的方向转变。这些高端冷链物流基地的建设,提升了深圳处理高价值、高时效性冷链商品的能力。

此外,政府出台了一系列政策措施支持冷链物流业高质量发展,包括《广东省推进冷链物流高质量发展》《深圳市交通运输专项资金现代物流业领域资助资金实施细则》等文件,通过财政资助、税收优惠等措施鼓励冷链物流基础设施的建设与技术升级,推动行业高质量发展。深圳市政府工作报告提出的加快物流中心建设、打造供应链组织中心等目标,进一步明确了冷链物流在城市发展中的战略地位。

4)跨境物流

深圳跨境物流市场规模大,涵盖了跨境电商、一般贸易等多个领域,并且随着跨境电商的快速发展,市场规模持续扩大。2022 年,中国跨境物流市场规模达到了 2.36 万亿元人民币,同比增长 10.8%,显示出强劲的增长势头。2023—2024 年,深圳跨境物流行业依托数字化创新与基础设施升级,持续领跑全国。2023 年,深圳机场空运跨境电商货量达 17.5 万吨,同比增长 80.3%,国际及地区货运航线增至 38 条,基本实现国内 1 天送达、国际 3 天达全球主要城市。2024 年,深圳海关启用 AI 智能监管模式,日均处理跨境包裹超 800 万件,通关效率提升 30%。与此同时,多式联运网络进一步拓展:机场新增 19 条货运航线,跨境电商空运专线达 11 条;港口开通 28 条海上快线,中欧班列开行 130 列。国际/港澳台快递业务量前 11 个月达 14.1 亿件,占全国快递业务总量的 40% 以上,深圳跨境电商进出口额突破 3 720 亿元,连续 3 年居全国首位。

深圳市政府也积极推出相关政策措施,支持跨境物流行业的发展,包括优化通关流程、提供财政补贴、建设物流基础设施等。深圳跨境物流市场前景乐观,但企业需要持续关注市场动态,增强核心竞争力,同时利用政策红利和技术优势,抓住新机遇,应对未来挑战。

5）智慧物流

（1）数智化。受益于物流和制造业的转型升级，以及企业对提高效率和减少人工依赖的需求，深圳智能仓储与自动化设备市场规模持续扩大。AGV（自动导引车）、AMR（自主移动机器人）、无人机、自动化立体仓库系统、智能分拣系统等技术得到了广泛应用。物联网、大数据与 AI 等技术被广泛应用于供应链管理、城市品牌形象塑造、健康城市建设和工业 4.0 等领域。随着 5G、云计算等基础设施的完善，物联网设备的部署加速，大数据分析和 AI 算法的优化，数智化技术在深圳各行各业的渗透率不断提高。深圳市政府也在大力推动智慧城市和数智化健康城市的建设，为物联网、大数据与 AI 技术提供了良好的应用环境和政策支持。企业对于集成化、定制化的信息化服务平台与解决方案的需求日益增长，尤其是在供应链管理、客户服务、内部运营优化等方面。随着技术的不断迭代，信息化服务平台将更加智能化，提供更多基于 AI 的决策支持和预测分析功能。深圳作为中国数智化发展的前沿阵地，拥有庞大的市场需求、丰富的科技创新资源和良好的政策环境，为数智化行业提供了广阔的发展空间。预计未来深圳的数智化行业将持续深化与实体经济的融合，推动产业升级，特别是在智能制造、智慧城市、健康医疗等重点领域。

（2）绿色化。深圳在绿色化转型过程中，特别是在环保政策与行业响应、绿色包装与低碳运输方面，展现了明显的市场动向和政策导向。深圳市政府积极响应国家绿色发展战略，制定了一系列旨在推动绿色低碳产业发展、促进经济高质量发展的政策，包括《深圳市促进绿色低碳产业高质量发展的若干措施》《深圳市全面加强生态环境保护推动经济高质量发展的若干措施》等，涵盖清洁能源、节能环保、新能源汽车等领域。深圳的制造业正逐步向高端化、智能化、绿色化转型，通过技术创新和产业升级，降低能耗，减少污染。深圳市推动使用环保材料进行包装，减少一次性塑料的使用，鼓励可降解和可循环使用的包装材料。《绿色低碳保鲜贮藏运输评价技术规范》等团体标准的制定，有助于规范绿色包装的评价和应用。新能源物流车辆的推广使用，如电动货车，减少了运输过程中的碳排放量。智慧物流系统的应用，通过大数据和 AI 优化配送路径，提高了运输效率，减少了能源消耗和碳排放量。

4.2.3 深圳物流园区发展现状

1) 物流园区整体发展分析

深圳的物流园区发展始于 1999 年。深圳物流园区主要有平湖、龙华、笋岗—清水河、盐田、前海湾、机场航空和大铲湾配套物流园区。平湖物流园区作为中国首个物流园区,引领了国内物流园区的建设热潮。这些物流园区不仅服务于深圳本地,还辐射整个华南乃至全国和全球其他市场,是深圳作为国际贸易和物流中心的重要支撑。随着深圳经济的持续发展和产业升级,物流园区也在不断优化布局,不仅在基础设施上实现了现代化升级,还在信息化、智能化方面进行了深入探索。物流园区成为深圳市物流业从传统物流向现代物流转型的重要推手,其龙头作用显著。

2) 重点物流园区介绍

(1) 大铲湾配套物流园区。大铲湾配套物流园区位于深圳西部的宝安区,距离香港 20 海里[①]、广州 40 海里,交通便利,拥有优越的地理优势。园区紧邻大铲湾码头,与前方码头同步规划,旨在形成高效的物流链,为货物提供快速的周转服务。大铲湾港曾聘请国际知名的港口物流公司对物流园区的规划进行研究,包括园区的功能定位、产业发展、空间布局等,以确保其能够满足国际标准和市场需求。园区除了普通仓储设施外,还包括保税仓储、临港工业等多功能设施,以支持多样化的物流和工业活动。

在数字化转型的过程中,大铲湾港区与腾讯合作,利用云计算、人工智能、物联网等先进技术,推动智慧港口与物流发展,提升园区的智能化水平和运营效率。2021 年,大铲湾港区的集装箱吞吐量创下历史新高,达到 142.58 万标准箱,显示了园区强大的物流处理能力和市场影响力。2022 年,大铲湾港区新增约 20 000 标箱的堆存能力,外贸新堆场的启用进一步增强了园区的物流处理能力。随着国际贸易的恢复和全球经济的复苏,大

---

① 1 海里=1 852 米。

铲湾港区的吞吐量有望继续增长,为深圳乃至全国的物流网络作出贡献。

深圳市大铲湾港口投资发展有限公司是园区的主要投资与运营商,注册资本高达 25.83 亿元,专注于港口及临港配套投资与经营,以及新兴产业和服务业的投资与经营。大铲湾配套物流园区将继续借助数字化工具和智慧物流理念,提升服务质量和运营效率,以适应未来物流行业的发展趋势。园区拟进一步拓展绿色物流和可持续发展方面的实践,响应国家和地方的环保政策号召,成为物流行业的绿色标杆。大铲湾配套物流园区的发展反映了深圳作为国际物流枢纽的重要地位,以及在智慧物流和绿色物流方面的领先探索。随着技术和市场的不断演进,大铲湾物流园区将继续在全球供应链中扮演关键角色。

（2）深圳机场航空物流园区。深圳机场航空物流园区位于宝安区,距离深圳宝安国际机场近,拥有现代化的办公设施和专业的仓储配送设备。该园区致力于提供国际标准的航空物流服务,包括但不限于航空货运、冷链物流、跨境电商物流等。园区采用物联网、大数据与 AI 技术,实现物流流程的智能化管理,提升物流效率和安全性,同时降低运营成本。

深圳机场航空物流园区的发展与深圳机场东综合交通枢纽的规划密切相关。该枢纽旨在实现航空与地面交通的无缝衔接,尤其是与高铁、地铁等公共交通的深度融合,形成空铁一体化的高效物流体系。

深圳机场东枢纽作为国际航空枢纽与中国铁路枢纽的重要组成部分,集航空、高铁、城际、城市轨道、公交等多种交通方式于一体。其建设规划包括地铁 1 号线、12 号线、20 号线、26 号线（规划）,以及深大城际线和机场捷运系统,以形成多式联运的综合交通枢纽。在运营模式上,深圳机场与东方航空、国铁集团、深圳巴士集团合作,推出了"空铁联运"服务产品,提供一站式购票、行李直挂、无缝换乘等服务,提升了旅客出行体验和物流效率。

深圳机场航空物流园区的发展符合国家"八纵八横"高快速铁路通道的战略布局,是国家物流枢纽建设的重要组成部分。随着全球贸易的持续增长,航空物流园区正朝着更高效、更绿色环保的方向发展。深圳机场航空物流园区有望成为大湾区乃至全国的航空物流中心,推动区域经济和物流行业的转型升级。

4.2.4 深圳物流与供应链行业特点及优势

深圳物流与供应链行业发展呈现出以下几方面的特点和优势。

1）高度国际化

深圳因其特殊的地理位置和政策优势，成为中国对外贸易的重要窗口。深圳物流业在国际物流服务、跨境电子商务支持等方面具有显著优势。深圳港作为全球最繁忙的集装箱港口之一，拥有国际一流的货运港口运输水平，其与深圳宝安国际机场共同构建了深圳物流业的国际化基石。

2）科技创新引领

在物流与供应链领域，深圳企业积极采用云计算、大数据、人工智能、物联网等先进技术，推动智慧物流和供应链管理的创新应用。这使得深圳在物流自动化、智能化方面领先于其他一线城市，行业的整体效率与响应速度有了显著提升。

3）供应链集成服务

深圳拥有众多知名的供应链管理企业，如怡亚通等。这些企业在整合上下游资源、提供一站式供应链解决方案方面具有丰富的经验。相比其他城市，深圳在供应链集成服务方面更为成熟，能够更好地满足全球化、定制化的市场需求。

4）政策环境优越

深圳市政府对物流与供应链行业的发展给予了强有力的支持，包括制定优惠政策、鼓励技术创新、优化营商环境等。这为行业发展提供了良好的外部条件。

5）产业集聚效应

深圳已经形成了较为完善的物流与供应链产业集群，包括物流园区、配送中心、冷链物流等各个环节。这种集聚效应有助于降低成本，提高协同效率，吸引更多的相关企业入驻，形成良性循环。

与其他城市对比来看，北京作为中国的首都，其优势在于政治、文化中心的地位以及高端服务业,但在经济开放度和国际化程度上,深圳可能更胜一筹,尤其是在高科技产业和创业环境方面。上海拥有世界级的港口和国际机场,以庞大的经济体量、国际航运中心的地位和成熟的金融市场著称,但在创新生态系统和科技企业集聚方面,深圳的密度和质量可能更高。广州与深圳同属广东省,两城在经济上互补性强,广州在汽车、石化等传统工业领域较为突出,在华南地区的物流网络和商品集散方面具有传统优势,而深圳则在电子信息制造和科技创新上有更大优势。

下文分别从行业发展、行业细分市场、物流园区和案例等方面,对深圳物流与供应链行业的发展现状做进一步分析。

4.3　行业展望与发展建议

4.3.1　行业展望

物流业是深圳市的三大支柱产业之一,既支撑着深圳本地经济的繁荣,也是粤港澳大湾区经济融合与深港双城合作的关键纽带。深圳物流业逐步形成了以国际物流为主、以区域物流和城市物流为支撑的发展战略和发展格局。与其他一线城市相比,深圳凭借其独特的创新氛围、国际化水平和供应链集成服务能力,在物流与供应链行业的发展上展现出了独特的优势和强劲的竞争力。

1) 物流基础设施建设不断完善

截至 2023 年底,深圳港国际班轮航线通往 100 多个国家和地区的 300 多个港口,连续 10 年稳居全球第四大集装箱港。深圳国际船舶登记中心挂牌运营。深圳正加速推进盐田港东港区一期工程、大铲湾港二期、小漠港二期等项目建设,预计建成后将大幅增加吞吐能力,进一步巩固其全球集装箱枢纽港的地位。深圳机场正不断提升其国际航空枢纽能级,高峰小时容量标准已提升至国内双跑道机场之首,货邮吞吐量稳居全国前列。未来,深圳机场将继续拓展国际货运航线,提升货邮处理能力,预计每年将在现有基础上再增加近 160 万吨。另外,深圳正加快构建"公、铁、海"多式联运体系,推动中欧班列、中老国际班列等跨境班列业务的发展,同时优化现代物流服务体系,创新实施"海空港畅流计划",提高物流效率。

2)市场规模稳步增长

随着深圳经济的持续增长和国际贸易量的增加,物流行业的需求量稳步上升,特别是在跨境电商、高科技产品和消费品领域,物流服务的需求尤为旺盛。为了应对激烈的市场竞争,提高服务质量和效率,深圳的物流行业正经历一轮整合与并购潮。大型物流企业通过收购中小型企业,降低成本,拓展服务范围,增强市场竞争力,实现规模效应。

3)创新技术加速应用

深圳的物流行业正积极采用物联网、大数据、人工智能、区块链等先进技术,实现物流过程的数字化和智能化,提升运营效率和透明度。自动化仓储系统,如自动导引车、机器人拣选和分拣系统,正被广泛应用于物流中心,以提高存储和分拣效率。随着全社会环保意识的增强,深圳物流业致力于开发绿色物流解决方案,如电动和氢能源车辆的应用,以及循环包装和零排放物流园区的建设。深圳将继续加强在低空经济、智能网联、无人车、无人机、机器人分拣、区块链等领域的研发和应用,以提升物流服务的质量和效率。

4)新兴业态与商业模式逐渐兴起

结合金融科技,深圳市政府提供供应链融资、保险、结算等服务,帮助中小企业解决资金周转问题,促进整个供应链的稳定和发展。随着消费者对快速交付的期望提升,即时配送和"最后一公里"物流服务正在快速发展,如无人机配送、无人车配送等新兴方式。在共享经济模式下,共享仓储、共享运力等概念开始出现,提高了资源利用率,降低了物流成本。

深圳物流与供应链行业的这些发展趋势、技术创新和模式创新,既反映了物流与供应链行业自身的进化,又体现了深圳乃至中国物流与供应链行业在全球竞争中的定位和策略。随着新技术的不断涌现和市场需求的变化,深圳的物流与供应链行业将持续引领创新,推动行业向更高层次发展。预计到 2025 年底,深圳物流业增加值有望突破 4 000 亿元大关,全市百亿元级物流供应链企业数量也将大幅增加。这将为深圳乃至全国的经济社会发展提供有力支撑和强大动力。

4.3.2 发展建议

1）企业战略转型与创新方向

（1）强化科技创新与应用。企业可以利用 AI 技术进行数据分析，预测市场趋势，优化供应链管理，提高生产效率。采用自动化工具，如机器人和自动化仓储系统可以降低人力成本，提高作业的准确性。区块链技术可以提高交易透明度，保障数据安全，尤其是在供应链金融、商品溯源、知识产权保护等领域有更加广泛的应用潜力。研发和应用环保包装材料，推广电动或氢能驱动的运输工具，可以减少碳排放，响应国家绿色发展战略，同时提升企业品牌形象。与科研机构、高校、科技企业建立合作关系，共同研发新技术、新产品，促进技术交流和成果转化。重视物流与供应链管理专业人才的培养，特别是具备科技背景的人才，通过校企合作、内部培训等方式，提升团队的科技创新能力。同时，积极引进国内外顶尖科技人才，充实研发力量。

（2）注重绿色发展与可持续发展。企业在采购原材料、包装材料和物流设备时，优先选择环保、可再生、低碳的产品和供应商，比如用生物降解材料的包装替代塑料包装，减少环境污染。在运输方面，建议推广使用新能源和清洁能源车辆，优化运输路线以减少碳排放，发展多式联运，提高运输效率。在仓储方面，可以建设绿色仓库，采用节能照明、温控系统和建筑材料，提高仓储设施的能效。建立包装物回收利用体系，推行逆向物流，对废旧物资进行分类、回收和再利用。减少使用一次性包装，鼓励使用可循环包装箱和托盘。积极参与国内外绿色物流和供应链的认证项目，如ISO 14001环境管理体系认证、碳足迹认证等，提升企业的绿色品牌影响力。

（3）优化物流服务体系。企业应积极引入物联网、大数据、人工智能、区块链等技术，实现物流过程的自动化、智能化管理。提供一站式物流解决方案，覆盖从订单管理、仓储、运输到"最后一公里"配送的全过程服务。推出定制化物流服务，满足不同客户的特定需求，如冷链物流、限时达、逆向物流等。建立供应链协同平台，加强与供应商、制造商、分销商等各环节的信息共享,提升供应链的整体响应速度和协同效率。

2)政府与行业协会的作用

(1)深化产业联动与融合。深圳市政府继续出台相关政策,鼓励物流业与制造业、电商、新零售、冷链等行业的深度融合,通过产业链上下游的协同创新,提升整体产业链的效率和价值。鼓励金融机构通过"监管沙盒"模式为物流供应链企业提供供应链金融服务,促进金融与物流的创新结合。行业协会应在其中发挥桥梁作用,组织跨界交流会、研讨会,促进不同行业间的知识分享和技术转移。

(2)加强国际合作交流。依托深圳的区位优势,深圳市政府可以深化"一带一路"合作,继续扩大与"一带一路"合作伙伴的物流合作,建立更加紧密的贸易和运输网络,探索共建海外物流园区,促进双向投资和贸易便利化。同时,应促进区域协同发展,深化与粤港澳大湾区内其他城市的物流合作,形成优势互补、资源共享的格局,共同提升区域物流效率和服务水平。深圳市政府还应加强国际物流枢纽建设,将深圳打造成为国际物流枢纽,吸引跨国物流公司在此设立区域总部或运营中心,增强深圳在全球物流链中的节点作用。

(3)加强人才培养与引进。深圳市政府可以从建立物流人才高地、制定人才激励机制以及持续教育与培训三个方面入手,通过校企合作、共建实训基地、海外研修等方式,培养具有国际视野和创新精神的物流专业人才。制定人才激励机制,提供更具吸引力的人才政策,如住房补贴、子女教育、医疗保障等,留住并吸引高端物流人才。鼓励在职人员进行持续教育,更新专业知识,适应物流行业快速变化的需求。

(4)优化营商环境。深圳市政府可以制定更有针对性的税收减免政策,减轻物流企业的负担;提供财政补贴,支持物流技术创新和绿色物流发展。同时,对土地资源进行优化,合理规划物流用地,优先保障重点物流项目,鼓励利用闲置工业用地转型为物流设施。政府还应注重推动供应链金融产品的创新,如区块链技术在物流融资中的应用,提高金融服务的效率和安全性。

(5)完善政策法规与标准体系。政府应持续优化物流业的政策环境,提供土地、税收、资金等方面的优惠政策,保障物流基础设施建设,提高物流网络的连通性和效率。借鉴国际先进经验,制定出符合国际标准的物流行业法规和标准,提高行业规范化发展水平。随着数字化与智能化的高速发展,鼓励物流行业采用大数据、云计算、物联网等先进技术,推动智慧物流的发展,提高物流效率和客户满意度。

　　通过上述策略的实施,深圳物流与供应链行业有望在未来获得更加强劲的国际竞争力和影响力,成为全球物流网络中不可或缺的关键节点。

5

工业设计行业

作为面向企业的一个服务性行业,工业设计的社会知晓度其实并不高,但在赋能产业转型升级,尤其是制造业的转型升级方面,工业设计却默默发挥着"点石成金"的作用。

深圳是中国工业第一城,也是中国工业设计第一城,其工业设计行业的产值占全国的半壁江山。广阔的市场空间和应用场景,从五湖四海汇聚于此的设计人才,政府与行业的双向奔赴,共同造就了深圳工业设计行业茁壮成长的产业沃土,成就了中国第一个"全球设计之都"。

5.1 从"山寨之城"到"全球设计之都"

众所周知,现在的深圳是有着全球影响力的"科技之都""创新之都"。可在 30 多年前,深圳还只是一个被人戏谑的"山寨之城"。

"山寨"一词最初就来自 20 世纪 90 年代的深圳。深圳因与香港相邻占了地利的优势,电子产品在此集散,华强北迅速抓住机会,开始仿制手机之类的电子产品。一开始,生产厂家不敢在电子产品上印上产地,只印了"SZ"来代表产地深圳,后来渐渐被人们喊成了"山寨"。

可在深圳市工业设计行业协会会长封昌红看来,"没有华强北就没有深圳工业设计的今天,之前的华强北扮演了启蒙地和发源地的角色"。

华强北最辉煌的时候,平均每日人流量达到 50 万人次,其电子市场占全国市场容量的 50%,年交易额超过 2 000 亿元,孕育了腾讯、大疆、神舟、同洲电子等著名企业。

就在华强北生产山寨手机的过程中,深圳的工业设计行业开始萌芽。

"当时在华强北出现的山寨手机,可能内部是一样的,但外观却不能照抄,在这个过程中,设计者也开始思考,工业设计由此萌芽。我们从工业设计微笑曲线最底端的外观设计,一路走到现在的品牌设计、价值设计、服务设计,包括可持续的绿色设计等。"在封昌红看来,"就像FabLab(微观装配实验室,全球顶级创客机构)的创始人尼尔教授认为的,华强北的山寨就是快速微创新,实现最短路径、最佳效果、最少投入。所以无论是山寨还是快速微创新,其实都是工业设计的发展雏形。华强北也见证了从'三来一补'到 OEM(original equipment manufacturer,代工生产),再到 ODM(original design manufacturer,原厂委托设计代工)直至 OBM(original brand manufacturer,自有品牌生产)。如果没有品牌便没有议价能力,都由别人说了算。这是发展的必经过程。"

30 多年过去了,工业设计已成为深圳的一张亮丽的城市名片。截至2023 年底,深圳全市拥有各类工业设计机构 22 000 余家,共有国家级工业设计中心 14 家,省级工业设计中心 123 家,市级工业设计中心 102 家,位居全国工业设计第一阵营。深圳企业和设计师累计获得 iF 设计奖[①] 2 360 个,红点设计奖 1 524 个,两大顶尖设计奖项获奖数量连续 12 年位居全国大中城市首位。

从华强北的小小萌芽,到如今的参天大树,深圳工业设计行业大致经历了四个发展阶段。

5.1.1 起步与探索阶段

改革开放初期(20 世纪 80 年代至 90 年代初),深圳作为中国的经济特区,开始吸引外资企业入驻。这些企业带来了对工业设计的初步需求,为本地设计行业的产生播下了种子。同时,随着外资企业的大量涌入,对本土工业设计人才的需求日益迫切,这促使深圳的高等教育和培训机构开始开设工业设计专业。

标志性事件:

---

① iF 设计奖创立于 1954 年,由德国历史最悠久的工业设计机构——汉诺威工业设计论坛(iF Industrie Forum Design)每年定期举办,已经被国际公认为当代工业设计领域中卓有声望的大奖。

1984 年,深圳第一家中外合资的电子企业——康佳集团成立。该企业不仅生产电子产品,还注重产品的外观设计。这为深圳的工业设计行业提供了最早的实践机会和市场空间。

1987 年,深圳市工业设计办公室成立,标志着政府对工业设计行业的正式认可和支持。该办公室负责制定行业规范、提供设计咨询服务并组织设计交流活动,为深圳工业设计行业的发展奠定了基础。

1987 年,深圳市工业设计协会成立,这是全国最早成立的地方设计组织机构。协会通过举办各种行业交流和经验推广活动,不仅促进了设计文化的交流和传播,而且加深了社会对工业设计价值的认识,标志着深圳工业设计开始系统化和专业化发展。

5.1.2 快速发展阶段

20 世纪 90 年代中期至 21 世纪初,随着中国经济的持续增长和深圳制造业的快速发展,工业设计的重要性日益凸显。这一时期,深圳的工业设计公司数量迅速增长,设计能力也有了显著提升,业务开始从产品外观向功能设计、用户体验等方面拓展,设计服务的范围不断扩大。

标志性事件:

1997 年,深圳市政府出台了《关于加快工业设计发展的若干意见》。这份文件提出了具体的扶持政策和措施,包括资金支持、税收优惠、人才培养等,极大地促进了工业设计行业的发展。

2000 年,深圳成功举办了首届全国性的工业设计大赛——深圳工业设计大赛。这次大赛吸引了来自全国各地的设计师和设计机构参赛,展示了当时中国工业设计的最高水平,也为深圳工业设计行业树立了全国性的影响力。

5.1.3 国际化与品牌化阶段

2001 年我国加入 WTO(世界贸易组织)后,国内制造业面临转型压力,深圳市政府提出建设"设计之都"的战略。深圳设计开始更加注重质量和创新,与国际接轨的趋势更加明显。随着互联网和移动设备的普及,深圳的工业设计开始融合数字技术和新媒体,创造出更多新颖的设计解决方案。这一时期(21 世纪初至 2010 年),深圳的设计作品在国际上屡获殊荣,深圳成为全球工业设计的重要节点。

标志性事件:

2006 年,全国第一个以工业设计为主导的园区——田面设计之都创意产业园在深圳中心公园核心地带诞生。随后陆续涌现出了深圳设计产业园、F518 时尚创意园等一系列专业园区,极大地促进了工业设计行业的集聚和创新。

2007 年,深圳举办首届深圳工业设计周,展示深圳工业设计产业的发展成果,推动设计创新,并促进设计与产业的融合发展。

2008 年,深圳被联合国教科文组织授予了"设计之都"的称号,成为全球第六个、中国第一个获此殊荣的城市,亦使得深圳设计成为深圳新的城市名片。

2008 年,深圳工业设计行业协会(简称 SIDA)成立。"一业两会"(一个行业、两个协会)竞争性发展,对行业做大做强起到了积极的推动作用。两个行业协会积极参与政策建议、行业标准制定、设计教育和培训、设计大赛组织等多领域工作,为深圳工业设计行业的整体进步和创新能力的提升做出了重要贡献。

5.1.4　创新驱动与高质量发展阶段

2010 年至今,在新一轮科技革命和产业变革的背景下,深圳工业设计行业积极拥抱新技术,如大数据、人工智能、物联网等,推动设计与科技的深度融合。同时,开始探索与智能制造、绿色制造等新兴产业的结合点,推动制造业向更高附加值的产品和服务转型。

标志性事件:

2012 年,深圳市政府出台了《关于加快工业设计业发展的若干措施》,并拨款 1 亿元用于支持工业设计的发展。这是全国首个工业设计专项扶持政策。它加快了深圳工业设计产业集聚,提高了专业化、国际化、高端化水平,并助力深圳工业设计在 2018 年产值突破 100 亿元。

2017 年,深圳举办首届深圳设计周,计划每年 4 月下旬举办一届,为期一周左右,其永久主题是"设计创造未来"。设计周凸显国际化、专业化、多元化、高端化特色,着力提升深圳设计的国际影响力,旨在打造一个全球瞩目的综合性、跨门类的设计成果展示评奖和设计师交流合作的平台。

2020 年,深圳市政府印发《关于进一步促进工业设计发展的若干措施》,提出培植更高能级的工业设计创新能力、推动更高质量的工业设计创新发展、发挥更强有力的耦合贯通引领作用、构建更多元化的人才培育体系、搭建更加完善的公共服务支撑网络、营造更加良好的产业发展生态等方面措施。

2021 年,深圳获评工信部全国首批服务型制造示范城市(工业设计特色类)称号。这是对深圳在工业设计领域取得的成就和贡献的充分肯定。强大的工业设计促进了深圳制造向深圳智造、深圳创造转变,形成了深圳质量、深圳品牌、深圳经验。

5.2 工业设计行业的主要特点

2023 年,深圳工业设计行业总产值高达 500 亿元,占全国的半壁江山,带动上下游产业产值超万亿元,是绝对的"中国工业设计第一城"。概括来说,深圳的工业设计行业呈现出以下主要特点:

(1)机构数量众多。10 年来,深圳拥有的各类工业设计机构的数量增长了 5.5 倍,达到 22 000 余家;工业设计专业公司数量增长了 2.8 倍,现有 1 400 余家。在 1 400 余家工业设计专业公司中,近 50% 的公司获得了国家、省、市各级高新科技企业认定,工业设计专业力量强劲。

(2)创新能力突出。截至 2024 年 1 月,深圳共建成 14 家国家级工业设计中心,与厦门、北京、上海、杭州一同位居全国第一阵营;深圳还有 131 家省级工业设计中心、102 家市级工业设计中心,行业布局渐趋合理。华为、大疆、创维等设计创新型品牌,在移动终端、4K/8K、无人机等领域的设计,达到世界先进水平,其经验和做法不断得到推广,引导行业提升设计能力,创新业态模式,推动制造业智能化、数字化发展。

(3)高端人才荟萃。深圳拥有庞大的高素质设计队伍,工业设计从业人员超过 15 万人。罗成等 23 位工业设计大师获"光华龙腾奖中国设计业十大杰出青年"称号；梁子、罗峥、赵卉洲、毛宝宝等设计师荣获中国服装设计最高奖"金顶奖"；飞亚达总设计师孙磊、艺之卉首席设计师赵卉洲入选"深圳经济特区建立 40 周年 40 名创新创业人物和先进模范人物"。

（4）获奖作品数量领先。深圳在国内外工业设计大赛中表现亮眼，如前文所述，深圳在工业设计业内两大顶尖设计奖项获奖数量连续 12 年位居全国大中城市首位。近年获奖作品有：深圳如影智慧科技有限公司"AUBO S Series Collaborative Robots"及深圳洛可可工业设计有限公司"RITKIT 音乐家套装"获得红点至尊奖；深圳大疆创新科技有限公司"御MAVIC AIR 2"无人机摘得中国优秀工业设计奖金奖；深圳迈瑞生物医疗电子股份有限公司便携超声诊断系统获得广东省"省长杯"工业设计大赛最高奖钻石奖；深圳市智创一切科技有限公司全资控股品牌"sanag 塞那"凭借"Z51 开放式耳夹耳机""M80 无线音箱"摘得两个 2023 美国缪斯设计奖金奖；深圳迈瑞生物医疗电子股份有限公司、中广核研究院有限公司、深圳华大智造科技股份有限公司分别获得中国专利金奖；深圳市大疆创新科技有限公司、深圳创维-RGB 电子有限公司分别摘得 2 项中国外观设计金奖。

（5）设计园区集聚。中芬设计园、设计之都产业园、智慧谷设计产业园、华侨城创意园、南海意库等各具特色的园区吸引并培育了一批工业设计重点企业，集聚效应凸显。这些园区从设计企业的实际需求出发，以创新、创业、创意为服务主线，通过设立产品综合检测中心、快速成型中心、国际色彩检测中心等技术服务平台和人才培训、创业孵化等公共服务平台，夯实产业发展支撑底座。一个典型案例是中芬设计园。它是深圳与赫尔辛基两座"设计之都"携手打造的国际化交流平台，同时也是中共中央台办、国务院台办认定的全国首个海峡两岸青年创业基地。自 2014 年成立以来，中芬设计园广泛聚合全球高端设计创新资源并形成生态矩阵，首创"苗圃—孵化—加速"递进式创新发展模式赋能产业，构建了以文化创意设计驱动的国际化双创平台。2023 年，全园生产总值超过 31 亿元，取得知识产权 500 余项，并成功孵化园区首家上市企业。

（6）产业支撑强化。2022 年，深圳首次实现工业总产值、工业增加值全国"双第一",成为名副其实的"中国工业第一城"。工业设计作为创新链的起点与价值链的源头,不仅显著提升了产品的市场竞争力,还通过创新驱动,促进了产业结构的优化与升级。例如,在消费电子领域,深圳的设计创新助力企业推出了多款热销智能产品;在生物医疗行业,工业设计优化了医疗设备的用户体验,提升了产品的市场认可度。此外,深圳的工业设计还促进了黄金珠宝、服装设计等传统产业的转型升级,通过融合现代审美和技术革新,使这些传统产业焕发新生,为深圳工业的持续领先和高质量发展提供了有力支撑。

5.2.1 政府赋能,双向奔赴

（1）不断完善工业设计发展政策。2012 年,深圳市政府出台了《关于加快工业设计业发展的若干措施》(深府〔2012〕137 号)。作为全国首个地方工业设计发展专项政策,上述文件的首发效应明显,加快了工业设计产业集聚,提高了专业化、国际化水平,使深圳工业设计步入全国领先行列。2020 年,立足建设国际一流创新创意之都的战略定位,深圳市政府再次出台了《关于进一步促进工业设计发展的若干措施》(深府办规〔2020〕6 号),在"双区驱动"的重大历史机遇下,以工业设计为引擎,从基础研究、人才培养、成果转化、服务体系等方面构建政策体系,通过设计赋能,不断提升高端制造价值,进一步促进产业转型升级。自 2012 年至今,深圳的工业设计专业服务年收入增长了 12 倍,拉动下游产业产值超过了万亿元。

2023 年,深圳首次以建设"设计之都"为目标制定三年行动计划,发布了《深圳市"设计之都"建设行动计划(2024—2026 年)》。该行动计划提出,深圳力争于 2026 年建成世界一流的"设计之都",并于 2035 年全面建成"具有全球影响力的创新创业创意之都"。

（2）加大财政资金扶持力度。自 2013 年实施专项扶持政策以来,深圳每年用于工业设计的专项资金规模为 1 亿～2 亿元,累计下达财政资金超过 10 亿元。重点支持工业设计中心、工业设计领军企业、知名工业设计奖、工业设计引领创新与转化应用等方向,面向制造业、专业工业设计公司、设计师、中小微企业等多个主体,通过财政资金多层次、广覆盖、全链条激发深圳工业设计的活力,有力地推动了工业设计产业的快速发展。近年来,深圳工业设计发展扶持计划项目数、资金需求量激增,从侧面反映了制造业企业工业设计应用广度、深度的不断提升。

(3)大力推动工业设计中心和研究院建设。围绕设计创新能力提升,深圳大力培育了以华为、大疆、创维等为代表的国家级工业设计中心,康佳集团工业设计中心、深圳市鼎典工业产品设计有限公司、深圳洛可可工业设计有限公司等省级工业设计中心,以及众多的市级工业设计中心。强化工业设计在企业活动中的独立地位和专业化经营,支持工业设计中心与高等院校、科研机构开展合作,加强基于新产品、新技术、新工艺、新材料的设计创新成果应用推广,全面提升制造业设计服务和创新能力,形成国家、省、市三级工业设计中心梯次布局,在相关领域和行业的示范效应显著。

为加强工业设计基础研究,提升公共服务能力,按照工信部的工作部署,深圳出台了《深圳市工业设计研究院建设工作方案》,提出创新体制机制,面向共性需求,培育一批覆盖重点行业和领域的工业设计研究院,争创国家工业设计研究院。经过区级推荐、专家评审,现已确定4家工业设计研究院为培育对象。这些培育对象涵盖了不同的行业和领域,包括电子信息、医疗器械、家居产品等。这些研究院不仅为企业提供设计咨询服务,还将积极开展设计培训、技术推广等活动,帮助提升整个行业的设计水平。

专栏4

深圳市工业设计行业协会

深圳市工业设计行业协会(以下简称SIDA)成立于2008年,创会初始发起单位有48家,截至2024年底,协会已吸纳来自深圳及全国其他地方的会员单位累计900余家,以"接轨国际、对接产业"为宗旨,为产业链参与者提供行业研究、政策解读、产业对接、行业交流、资源优化、项目落地等产业服务,已成为全球工业设计最大的专业行业组织之一,也是国内较早加入世界设计组织(WDO)的行业组织。协会打造了中国工业设计协同创新平台,成立了首个工业设计知识产权保护工作站,获批组建"深圳市工业设计(产品设计)专业高级职称评审委员会",并获得 iF、红点、G‑MARK、IDEA 四大国际顶尖奖项的认可,共同开展国际设计交流与合作,推动深圳工业设计往高端化、国际化、品牌化方向发展。

一、价值观

"设计新生,和而不同。"设计的初心是新生,新生就是每个设计师的核心价值,在不同中共同新生,在新生中创造不同。

"设计赋能城市。"设计是一种自带"活泼"的能量,它在不断生长中形成独一无二的"城市印象",设计赋能让城市更有温度和远见。

二、使命

让世界看见中国设计。SIDA 自成立伊始,便以工业设计行业推手为目标,带领行业"走出去、引进来",在全球设计、创新领域的舞台上频频发声。SIDA 成功举办了 12 届中国(深圳)国际工业设计节、10 届深圳国际工业设计大展;自 2011 年开始带领深圳设计闯进伦敦百分百设计展,开启了中国设计在该展会上零的突破;2012 年受特邀率领参加美国工业设计师年会;2013 年力促德国 iF 设计大奖首个海外展厅落户深圳;2014 年举办首届深港设计双年展,推动深港集群发展,打造国际文化创意中心等;联手芬兰赫尔辛基创办中芬设计园,开创设计驱动创新的国际化新模式;2020 年赋能统筹设计深圳经济特区四十周年庆祝大会视觉形象,以设计之力为城市赋能,向世界传达中国勇于担当创新主体责任的"深圳声音";2023 年举办世界工业设计日活动(首次在深圳启动),深圳设计、中国设计以更开放与更自信的姿态融入世界设计舞台,驱动设计经济与制造业、城市、社会融合发展。

链接创客集群,导入创新动能。SIDA 从 2012 年开始推动工业设计与创客的链接,以点线面递进式发展路径为抓手,引入美国麻省理工学院比特和原子研究中心,共同发起成立深圳开放创新实验室;从 2015 年起承办全国大众创业万众创新活动周暨深圳国际创客周,壮大"双创"力量,让深圳赢得世界尊敬;2016 年推动 Fablab2.0,力促第 12 届国际微观装配实验室年会首次在中国举办;2019 年承办 UNLEASH(全球青年创新集训营),为联合国可持续发展目标的实现贡献深圳力量,以设计联合创客创新力量,驱动深圳产业向价值链高端化方向延伸发展。

以设计赋能,推动深圳高质量发展。提及 SIDA,就不得不提到封昌红这位灵魂人物,她自 2006 年踏入工业设计领域,曾带领深圳设计开创数个行业第一。2017 年,她率深圳设计团队北上河北,以国际化视野推动河北工业设计从启蒙到唤醒再到点亮,从产业转型升级到设计赋能城市,被业内誉为最具国际化视野的"工业设计推手"。2019 年,她提出"城市共创,设计开窗"升级理念,主张以设计的力量打造一座有远见的城市,在全球设计界引起共鸣。SIDA 联合全国工业设计产业创新联盟、深圳开放创新实验室、深圳创新设计研究院等多层次行业机构,以设计赋能城市各行业高质量发展。2017 年,SIDA 承办北理莫斯科大学开学典礼,获得中央及省市领导的高度评价。2019 年,SIDA 承接深圳建设中国特色社会主义先行示范区"数字政府"高级别研讨会,推动深圳进一步提升智慧城市和"数字政府"建设水平。2020 年,SIDA 协办深圳—新加坡智慧城市合作联合执委会第一次会议,搭建国际创新交流平台助力打造世界一流智慧城市样板。2021 年,SIDA 承办首届全国工业设计职业技能大赛现场赛务服务工作及系列配套活动,育植工业设计技能型人才,推进工业设计高效赋能产业及城市创新发展,为深圳建设成为创新创业创意之都营造良好的行业氛围。2022 年,SIDA 承接全国工业和信息化技术技能大赛决赛现场赛务服务工作,全力服务好人才创新创业,持续支持营造深圳国际一流的引才环境,协助打造与高质量发展相得益彰的高素质技能人才队伍。2024 年,SIDA 统筹设计全省高质量发展大会,以设计之力为高质量发展赋能,全方位、多角度展示广东产业科技互促双强的卓越成果和成功经验,为全国高质量发展提供有力支撑。

三、路径

重新定义工业设计,推动出台工业设计扶持政策。SIDA 率先建议 WDO 在 2015 年重新定义工业设计:工业设计旨在引导创新、促发商业成功及提供更高质量的生活,是一种将策略性解决问题的过程应用于产品、系统、服务及体验的设计活动。SIDA 推动深圳于 2012 年在全国率先出台《关于加快工业设计业发展的若干措施》的专项政策,为整个行业的蓬勃发展奠定坚实的基础。

SIDA 提出从 0 到 1 苗圃、1 到 N 孵化、N 到 N+的递进发展新模式。从 2012 年开始推动工业设计与创客的链接,并提出点线面递进式发展路径。点即指深圳开放创新实验室(FabLab Shenzhen),负责从 0 到 1 的原型实现;线即指中芬设计园,负责从 1 到 N 的孵化;面即指深圳市工业设计行业协会,负责 N 到 N+品牌的转化,并配套创业加速器、研发解决方案、海外众筹渠道、成果孵化等资源,引导深圳工业设计行业往产业价值链高端化方向延伸发展。

先行示范,带领深圳设计从服务湾区延伸到服务经济带。从深圳到大湾区,从大湾区到京津冀、长三角,以设计为核心驱动产业链经济发展,SIDA 带领深圳设计发展模式输出至河北、青岛、江西,设立河北工业设计创新中心、雄安新区未来工业设计研究院、秦皇岛中瑞设计港、定州工业设计创新中心、江西红品创新设计中心、青岛工业设计创新中心等创新设计平台,构建跨界产业生态圈,打造超级设计赋能平台,带动产业升级辐射京津冀以及长三角经济带。

(资料来源:深圳市工业设计行业协会供稿。)

(4)"走出去""引进来",积极参展、办展。早在 2011 年,深圳开始进军伦敦百分百设计展,实现中国设计在该展会上零的突破。随后,深圳多次组团参加法国圣艾蒂安设计双年展、伦敦设计节、蒙特利尔设计节、柏林设计节等世界顶级设计活动。2013年,深圳引进德国iF设计大奖作品展,成为国内首个iF官方授权展厅,并先后在法国、德国、西班牙、芬兰等设计发达地区开展"深圳设计"海外推介活动。同样是在2013年,深圳市政府开始举办深圳国际工业设计大展,截至2023年底,已成功举办十一届。展会聚焦国内外设计新趋势,汇聚国际设计资源,加速全球创新设计要素的跨境流动,通过跨行业、跨上下游的合作、创新,逐渐成长为引领全球工业设计的风向标。2023年,深圳在获得"设计之都"称号15周年之际,举办世界工业设计日活动(首次落户深圳),搭建起国际设计交流与合作的桥梁,为深圳"设计之都"的持续发展增添活力。

(5)通过行业协会良性竞争推动行业发展。深圳市工业设计协会与深圳市工业设计行业协会之间的健康竞争,有效推动了深圳工业设计行业的繁荣与发展。两大协会通过提供多样化、专业化的服务,满足了行业内不同企业的需求,促进了服务质量的提升。竞争激发了创新,两大协会在服务模式、内容创新上不断突破,增强了行业的创新动力。同时,竞争也带来了合作,通过联合举办行业活动,如展览、研讨会等,为设计师和企业搭建了交流与学习的平台,扩大了深圳工业设计的影响力。此外,两大协会在行业标准化和政策倡导上发挥了积极作用,为行业的健康发展提供了有力支持。这种基于竞争与合作的行业生态,为深圳乃至全国工业设计行业的持续进步提供了强大动力。

5.2.2　工业设计赋能制造业

工业设计是制造业的前端环节和必备基础,是推动制造业实现"三个转变"的重要抓手。工业设计通过创意创造,集成信息、知识、技术和服务,推动制造业由设计研发到制造服务的全产业链创新转变,引导企业从OEM向ODM、OBM、OSM转变,引领制造业从"微笑曲线"底端到价值链高端转变。

作为创新之城、设计之都的深圳,其工业设计与制造业的结合相对紧密。对于深圳"20＋8"产业集群,不论是电子信息、医疗器械、新能源等战略性新兴产业,还是黄金珠宝、服装、家具、钟表等传统优势产业,工业设计在推动系统集成创新、提升设计能力、创新业态模式、迈向智能化数字化发展上都发挥了关键作用。

(1)工业设计通过运用新材料、新工艺、新技术等,提高产品外观、结构、造型、功能等方面的设计水平,实现技术突破。飞亚达以设计推动新技术进步、新材料研发、新功能和结构的实现,其研发的中国载人航天配套装备宇航员手表打破国外垄断,使中国成为第二个自主拥有航天表的国家。2021年,飞亚达进一步采用航空材料、特殊计时、舱外减震等新材料、新技术研制新款航天表,随"神舟十二号"载人飞船再赴深空。

(2)工业设计逐渐从单向应用向集成创新、整合创新阶段迈进,实现各创新要素之间的互补、融合、优化,使系统的整体功能发生质的变化。优必选以用户为中心,运用多模态交互感知技术、AI、人脸识别、语音交互等技术,设计出极具生命感、科技感、未来感的高度拟人智能机器人"悟空"。与其他相对冷冰冰、笨拙的机器人相比,悟空可爱、快乐、有趣的形象非常适合早教机器人的定位。通过运动控制系统、姿态监测系统、表情系统和视觉智能系统的融合,实现悟空自由行走、跳舞、瑜伽等类人能力以及丰富的表情等情感输出,让悟空成为真正有温度的人类伴侣。

(3)工业设计提升制造服务品质,赢得用户信赖,获得市场竞争优势,创造价值。华为专注于ICT(Information and Communication Technology,信息和通信技术)领域,在典型运营商、企业、终端和云计算等领域构筑了端到端的解决方案优势,提供有竞争力的解决方案、产品和服务。其创新设计,布局国内外研发、设计中心,突破芯片、算法、软件等核心技术,汇聚徕卡等全球高端资源,致力于为客户提供更高品质、更加好用的智能手机,2024年华为智能手机出货量位居国内第二。

(4)工业设计是创新的驱动力,其角色从"服务企业""塑造企业"向"创造企业"转变,推动传统企业转型。浪尖作为国内工业设计领域规模大、供应链资源覆盖广泛的专业化全产业链设计创新服务商之一,致力于从顶层设计开始为客户提供系统性的创新设计解决方案。该公司为一家生产垃圾桶等低端产品的制造业企业耐斯特进行全案设计,提供了全套工艺和生产流程整改方案,使濒临破产的企业成功转型为医疗器械领域核心零部件玻璃钢的供应商,年产值达十几亿元。

（5）好设计创造新需求,开拓新市场,创造产业新生态。大疆深耕消费级小型无人机领域,自主创新设计集成 GPS、高性能航空摄影平台、模块化硬件、嵌入式控制软件、流体力学等技术,不断在"精""巧""稳"的极限上探索。其御 MAVIC AIR 2 无人机摘得中国优秀工业设计奖金奖。该无人机采用新型动力系统和空气动力学设计,仅重 570 克,轻小外形如一个矿泉水瓶,完美实现了轻小机身和强劲性能的融合。大疆的成功,是设计创造消费新需求的典型代表,既实现了商业成功,形成国际竞争优势,又掀起了全球无人机风潮,塑造了无人机产业的新生态。

（6）工业设计围绕用户新体验,满足个性化、定制式消费新需求。在制造业从传统工业时代的"规模生产＋大众营销"的消费者被动购买方式转变为"需求定制＋大数据营销＋参与制造"的消费者主动体验行为的过程中,设计满足了大规模的差异化生产需求。服装头部企业赢家引入数字化、网络化、智能化制造新业态,研发顾客风格诊断系统,实现对服装和顾客在色、型、质等方面的用户画像及智能化诊断,指导产品设计,形成以顾客为导向的精准研发。赢家模式适应个性化、定制式需求,在服装市场产能过剩的大环境中,成为服装业数字化转型发展的典范。

（7）工业设计促进产业结构调整升级,转变发展方式,提升产业链核心竞争力。2017 年,深圳工业设计行业协会牵头为河北清河羊绒提供质量、标准、信誉、品牌等一揽子解决方案,打造羊绒小镇、国家羊绒检测中心、世界羊绒博物馆、网红直播大楼等平台,构建产业生态链,提高了羊绒品牌价值。2019 年,清河羊绒电商平台销量超过 100 亿元,通过深圳设计赋能,有力推动了当地传统产业转型升级。清河羊绒的成功经验又复制到白沟箱包、高阳毛巾、廊坊家具等 10 个特色产业上,通过产品升级,推动品牌重塑,通过品牌效应,推动产业链提升核心竞争力。

（8）数字化设计、网络协同设计全面支持智能制造,推动传统制造向数字制造、智能制造、绿色制造和服务型制造发展。知名键盘鼠标生产商雷柏是工信部认定的全国首批智能制造试点示范工厂。雷柏通过 CAD (computer-aided design,计算机辅助设计)辅助设计仿真模拟、系统布局规划车间整体,完成厂区 Layout(动画专用名称,根据导演的分镜表画出来的"设计图")的设计,加上自主研发建设了 ROS(robot operating system,机器人操作系统)系统平台,集成 PLM(product lifecycle management,产品生命周期管理)、SAP(system applications and products,企业管理解决方案的软件名称)、ERP(enterprise resource planning,企业资源计划)、MES(manufacturing execution system,制造执行系统)、CRM(customer relationship management,客户关系管理)等系统,有效整合了研发设计、制造、销售、质量、供应链等信息,提高了人与设备、设备与系统之间协同化作业能力,构建互联互通的工业机器人自动集成应用解决方案,并逐步应用到 3C、通信、汽车等诸多领域。

5.3 工业设计行业的发展趋势

5.3.1 迈向工业 3.0 时代

伴随着科学技术、经济社会等多方面的发展,全球正从工厂化、规模化、自动化为特征的工业制造文化,向多样化、个性化、定制式、更注重用户体验和协同创新的全球网络智能制造服务转变。深圳工业设计也从 2.0 时代向 3.0 时代进化发展。表 5-1 展示了工业设计行业的发展阶段。

表 5-1 工业设计行业发展阶段概览

设计的进化	设计 1.0	设计 2.0	设计 3.0
时代演变	农耕时代	工业时代	知识网络时代
设计理念	效仿自然的实用功能	适应竞争的品牌价值	以人为本的系统融合
设计方法	手工	计算、仿真	网络协同设计
设计工具	原始工具	计算机、软件、打印	超级计算、云服务、虚拟现实、协同设计平台

设计的进化	设计 1.0	设计 2.0	设计 3.0
设计人才	工匠	专业设计师	人人参与设计
人才培养	家庭和师徒传承	学校专业教育	多学科交叉融合培养、网络教育等
制造方式	家庭作坊、手工业工场（设计与手工艺制造紧密结合）	现代工厂，批量化、自动化制造（设计与制造分离）	绿色、智能制造（依托网络和大数据，设计与制造融合）

设计 3.0，即设计与研发、制造、应用、服务相融合，依托大数据和云计算，发展成为全球协同、共创分享的网络设计研发、制造和营销服务体系，主要呈现出绿色低碳、网络智能、开放融合、共创分享等新特征。

（1）绿色低碳产品、工艺流程、实现全生命周期与整体系统的绿色化成为新目标。

（2）实时传感、VR/AR、AI 成为核心技术，网络协同设计智能产品与装备、网络智能制造服务成为新业态。

（3）学科交叉、跨界融合、终端—云端/软—硬件开放融合成为新常态。

（4）大数据、云计算、产业云等成为设计众创新平台，共创分享成为新共识。

（5）能源运载、空间海洋、医疗健康、安全国防等战略性新兴领域成为新高地。

5.3.2　虚拟网络和实体生产的相互渗透融合

具有网络智能特征的产品生产和设计过程，不仅是单一技术和装备的突破和应用，而且是虚拟网络和实体生产的相互渗透融合，通过制造技术与信息技术的深度融合和集成，形成新业态、新模式，创造产品附加值，提升产业数字化制造水平。这就要求设计理念从注重功能和效率，适应工业化、标准化、模块化生产，向以创意、创新为主，重视用户体验和网络协同设计、绿色低碳、网络智能、共创分享的方向发展。

因此，工业设计下一步的发展趋势，必然是数字化、网络化、平台化和智能化的。新的设计理论、设计方法、设计软件（设计计算、分析优化、实时监控）、标准制定、云计算云服务、大数据库、数据安全等基础研究将是重点；工业设计研究院、设计创新实验室、网络公共技术云平台等将是重要支撑载体；企业端的协同设计、智能制造探索则将是"自下而上"的推动力。

具体到深圳工业设计公司的商业发展方向，目前有三种发展趋势。

一是继续深耕某个领域，保持小而美的专业化模式。这类设计公司通常团队规模不大，人数在 10～20 人，但产值可达数千万元。它们通过深耕某一细分市场，提供高度专业化的设计服务，实现稳定而高效的运营。在这种模式下，公司往往不追求规模扩张，而是通过精细化管理和创新设计，维持核心竞争力。

二是在不同设计方向、产业领域进行多元化探索。浪尖、鼎典、佳简几何、格外等成长性好、创新能力突出、行业带动性强的专业工业设计公司，以设计为原点，向不同设计方向、产业领域进行多元化探索，无缝嵌入制造产业链，为制造业高质量发展提供有力支撑。

以浪尖为例。1999 年诞生于深圳时，浪尖只有 2 位员工，目前已发展成为国内工业设计领域规模大、创新和实现能力强、供应链资源覆盖广泛的专业化全产业链设计创新服务商之一，拥有设计、科研、技术、工程、制造、营销、品牌相关领域超过 1 000 人的专业团队，通过分布于全球 15 个城市的 54 家全资/控股公司和分支机构，形成涵盖设计、供应链、产研、产教、产融、产城 6 个事业群，擘绘出以"粤港澳大湾区"为创新资源枢纽，以"长江经济带"为轴，沿"一带一路"辐射发展的国际化、平台化事业版图。浪尖率先提出并践行了"全产业链设计创新"发展模式，构建了以设计创新为核心，产、学、研、资、用多维赋能、高效协同的"D＋"全产业链设计创新服务生态体系，创立了"D＋M"品牌下的浪尖智造工场、智造体验馆和工业设计小镇三大产业集群化运营品牌。作为 WDO 的成员单位，浪尖先后获得两个"国家级工业设计中心"和"科技企业孵化器""众创空间""中小企业公共服务示范平台"等多项国家级认定，成为"共创、共赢、共生"的设计产业发展新生态的缔造者。

三是向衍生制造延伸,孵化自有品牌。在不断寻求规模化、集团化发展的过程中,部分龙头企业向高端综合设计服务及衍生制造延伸,中世纵横孵化出自主原创腕表品牌 CIGA Design(玺佳),佳简几何孕育了独立原创剃须刀品牌 Yoose(有色)。

以佳简几何为例。2019 年佳简几何孵化了独立原创品牌有色。彼时的小家电市场规模超过 300 亿元,一度成为创投市场的热词,剃须刀这个细分领域被飞科、飞利浦、松下、博朗等品牌牢牢占据。随着升级类消费需求持续释放,大家不再只关注性价比,而更加注重产品的质量和体验,也更加关注外观设计。与个性化、年轻化的消费趋势相悖的是剃须刀行业的"老态"。剃须刀行业拥有超百年的历史,但在外观上却一成不变,一味追求线条感的厚重设计,忽略了用户在差旅场景的便携需求。

作为中国原创设计师品牌,有色敏锐地嗅到了传统赛道的新机会,以"便携""潮流"的差异化卖点入局,打造了有色 MINI 便携合金剃须刀,全合金机身、跑车级烤漆工艺、掌心大小、超导永磁电机、德国进口刀片……这个既有颜值又有实力的潮流单品问世不久便风靡一时,以一己之力将传统行业卷入"年轻化"变革中。在随后的几年里,有色专注于潮流便携剃须刀,创新推出小彩鲨全合金往复式剃须刀、ICE 全透明便携剃须刀、小冰砖潮流便携剃须刀等多元产品。有色 MINI 潮流便携剃须刀无疑颠覆了传统,让剃须刀不再"千机一面",重新定义了年轻人的剃须体验。2022 年末,有色成为全网销量第二的中国剃须刀品牌,仅用 5 年就实现了 500 万元的销量,开创了潮流便携剃须刀的热潮。

5.4　存在的问题与发展建议

5.4.1　存在的挑战和问题

深圳工业设计行业的快速发展令人瞩目,与此同时,行业的健康成长也面临着一些挑战和问题。

设计人才无法满足行业发展的需求。深圳设计公司集中,人才资源相对丰富,但深圳设计教育仍有待加强。一方面,深圳本地的培养的规模不能满足产业发展对设计师的需求,深圳高校工业设计专业与江南大学、清华大学、浙江大学等综合大学及中央美术学院、广州美术学院等专业院校比有一定差距。另一方面,深圳工业设计人才以专业设计为主,其对材料、软件、工艺等内容的掌握相对不足,集成创新能力较弱。

数字化设计发展基础较薄弱。根据调研发现,工业设计基础软件主要为美国、加拿大等国研发的 Rhino、3D max、Pro‐E、Altair、CorelDraw 等,暂无国产软件可替代。如若国外限制使用上述软件,中国工业设计将面临消极影响。此外,行业级基础零部件代码库、CMF[①] 数据库、产品图谱库、标准体系、计量性设计研究等基础信息资源库尚未建立健全,无法满足数字化设计的发展需要。

高端装备等领域应用不够。深圳工业设计在消费电子、服装、珠宝、家电等领域应用广泛,尤其是在 3C[②] 消费品方面已较为普遍,但在高端装备等领域,工业设计应用还不够深入。从深圳现已认定的国家级、省级、市级工业中心行业分布即可看出,87 家市级企业工业设计中心主要集中在电子信息领域(46 家),高端装备仅 4 家。

工业设计专项资金体量偏小。随着各行各业设计意识的普遍增强,工业设计应用日趋广泛,从近 3 年工业设计引领创新与转化应用项目申报量可见一斑,分别是 193 个、246 个、706 个,与之对应的是专项资金预算逐年递减,从原来的近 2 亿元规模递减到 1.39 亿元。因此,近几年工业设计资金存在硬缺口,优质项目支持力度大打折扣。

5.4.2　发展建议

根据《深圳市国民经济和社会发展第十四个五年规划和二〇三五年远景目标》,到 2035 年,深圳要"建成具有全球影响力的创新创业创意之都",用"时尚创意引领全球"。按照这一城市定位和要求,结合产业发展现状,

---

① 　CMF:color-material-finishing,颜色、材料、表面处理三者的有机结合。
② 　3C 指计算机类(computer)、通信类(communication)、消费类(consumer)电子产品。

深圳工业设计需要立足新发展阶段,贯彻新发展理念,构建"设计＋研发＋服务"创新设计体系,以产业为主体,市场为导向,产学研用结合,多方参与的协同创新机制。瞄准主体培育、公共服务、对外合作、跨界融合、数字化转型等,顺应消费升级趋势,把深圳的创新设计优势转化为创造新供给的强劲动力,以高质量的供给催生新的市场需求,加快培育新产品、新应用、新服务,推动制造业高质量发展。具体建议如下:

(1)争创国家工业设计研究院。在电子信息、高端装备、服装、珠宝等深圳重点行业和优势领域建设若干个适应先进制造业发展需要、研究实力雄厚、公共服务能力强、竞争优势突出的深圳市工业设计研究院。加强对本地区工业设计领域共性需求的分析研判,有效整合各类资源,依托工业设计研究院,深入开展设计理论、共性技术、设计原型、标准规范等基础研究,加强协同创新,提升服务水平,健全工业设计创新发展支撑体系,争创国家工业设计研究院。

(2)搭建工业设计互联网云平台。支持面向制造业的设计需求,打造汇集工业设计专业公司、制造业企业、供应链及金融等产业链上下游机构的工业设计云平台,实现从原型设计、技术方案、仿真实验、快速成型、小批试制、量产、销售等全产业链的资源覆盖,快速满足设计转化过程的各类资源匹配。面向大数据、云计算、工业互联网、5G、人工智能等挑战,引导工业设计企业通过上云、共享、数字化设计等手段,发展个性化设计、交互设计,提高深圳工业设计数字化运用深度和能力。

(3)推动深圳国际工业设计大展再上新台阶。以价值引领、创新驱动、科技支撑、全球视野为宗旨,充分发挥大展链接资源、孵化创意、产业对接的作用,进一步扩大展会规模,深度融合制造业,优化展品类别和质量,丰富配套活动。充分应用5G、VR等技术,提升线上展览创意性和趣味性,打造线上"好物商城",增强大展的品牌实力、辐射力、市场运作能力,将大展打造成全球最顶尖的展览展示平台、新品发布平台、思想交锋平台和永不落幕的云展览。

(4)研究设立具有全球影响力的工业设计大奖。深入开展具有全球影响力的工业设计大奖设立可行性研究。通过开展全球性文献资料、行业用户及同类奖项的研究，明确奖项定位和设立理念，制定大奖举办战略规划。目前采用省市联动，坚持政府支持、市场主导、可持续发展的原则，不以营利为目的，按照探索机制创新、差异化定位、评审运作公平公正公开、推动评奖结果产业转化、加强宣传推广等主要思路，筹划设立有中国特色的工业设计大奖。

（5）建设全球瞩目的工业设计基地。从长远考虑，深圳工业设计行业计划打造以工业设计为主线，串联工业互联网、智能制造等重点领域，容纳设计博物馆、新材料应用中心、工程创新加速中心、知识产权保护中心、设计学院等重点新型产业生态项目的工业设计生态城，逐步形成集设计、研发、制造、服务于一体，资源高度集中的创新设计集群，打造面向未来的设计驱动型创新创业示范基地，成为世界级湾区设计创新引擎。

（6）成立深圳市工业设计师协会。为进一步促进深圳工业设计行业的健康发展，提升设计师的专业素养和市场竞争力，我们建议参考注册会计师协会、工程师协会、经济师协会等社会组织，成立深圳市工业设计师协会。该协会将作为桥梁和纽带，连接设计师、企业、政府和市场，促进各方的沟通与合作。协会将为会员提供行业资源、专业培训、学术交流和技术支持等服务，帮助设计师提升专业技能和拓宽职业发展路径。同时，协会还将推动工业设计行业的标准化和规范化建设，参与制定行业标准和规范，维护市场秩序，保障设计师的合法权益，更好地凝聚行业力量，推动深圳工业设计行业的持续创新和发展。

6

产业园区行业

本书力图研究具有深圳发展特色的行业,将起源于深圳的产业园区及产业园区行业纳入研究框架,就成为题中应有之义。

在深圳,有人说:"一部园区发展史,就是一部改革开放史。"[1]产业园区伴随着深圳40多年的改革开放,见证了深圳的制造业发展、科技发展和城市发展。

在深圳,还有人告诉我们,"华为在智慧城市业务展望中强调,城市除了马路,就是园区"[2]。这句话亦有很强的深圳特色。

6.1 产业园区及其行业源起

产业园区的两个主要组成部分是科技园区和工业园区,前者产生于美国的硅谷,后者产生于中国的深圳。在现实经济活动中,这两类园区并不存在非此即彼的边界。在深圳,产业园区发展的特色在于科技园区。深圳湾科技园区是现阶段全球范围内的标杆园区。

6.1.1 斯坦福科技园是世界第一个产业园区

美国独特的创新体系,首先并集中体现在斯坦福大学开创的硅谷发展模式,即大学—科研—产业三位一体的模式。这一模式归功于被称为"硅谷先驱"的弗里德里克·特曼教授。他在20世纪20年代担任斯坦福大学副校长期间,致力于将大学的科研与企业结合起来,注重科学的实效性。

---

[1] 《深圳市产业园区协会纪念特刊2018—2021》,"卷首语"(蔡岳)。
[2] 邱文.深圳创新密码:重新定义科技园区[M].北京:清华大学出版社,2021:24.

高技术公司在高质量的科技大学周围兴起是普遍现象,但并不是拥有大学实验室就可以创造高技术企业,而是需要一套机制和中间机构,能进行面向市场的应用研究。特曼促成了斯坦福科技园的建立和发展。它是世界上第一个高技术园区,特曼称它为"斯坦福的秘密武器"。其建立的目的并不是为了营利,它当年仅以象征性的价格出租给创业公司,是专门为高技术企业服务的。这种低廉的土地租金吸引了不少刚刚创业、尚缺乏资金来源的中小企业,如瓦里安、惠普等电子公司。因此,它逐渐成为斯坦福大学科技人才和硅谷创新企业之间密切合作的中介,渐渐形成了学产一体化的发展模式。斯坦福大学在 20 世纪五六十年代硅谷的创新行为,在新兴产业发展中起了核心作用。

在硅谷的发展过程中,除科技创新的推动作用外,金融资本的力量也不容忽视。在硅谷,作用最大的金融资本是各种规模的风险投资。与传统投资的明显区别在于,硅谷的风险投资不仅为科技公司提供早期的起步资金,还帮助公司建立自己的团队。也就是说,硅谷的风险投资在某种程度上充当了孵化器的作用,其好处在于保证了公司创始人可以专注于技术创新。一些巨头公司,如苹果、谷歌、甲骨文等,都是在风险投资的保驾护航下发展起来的。硅谷的迅猛崛起,无疑是旧金山湾区发展的最大推动力。可以说,硅谷把旧金山湾区送上了世界三大湾区之一的宝座,并为旧金山湾区贴上了"科创型湾区"的标签。

6.1.2　蛇口工业区是中国第一个工业园区

斯坦福科技园是与弗里德里克·特曼教授的名字联系在一起的,而蛇口工业园则是袁庚先生牵头打造的。1978 年 10 月,交通部(现为交通运输部)任命时年 61 岁的袁庚为招商局常务副董事长,主持工作。当时,招商局董事长一般由交通部部长兼任。1979 年 1 月,到任招商局 2 个多月的袁庚亲自起草了《关于我驻香港招商局在广东宝安建立工业区的报告》。报告经广东省和交通部联合上报了国务院。

深圳经济特区于 1980 年 8 月正式成立。蛇口工业区先于特区,于 1979 年 7 月开工建设。从时间上看,先有蛇口工业区,后有深圳经济特区,蛇口工业区是深圳经济特区的"序章"。蛇口工业区由政府赋予较大的自主权,并由一个企业自筹资金,独立开发、建设、经营、管理,形成独特的区域开发模式,也被称为"蛇口模式"。蛇口工业区运用经济手段,孵化了一大批优秀企业。例如,1982 年,新中国第一家股份制企业——中国南山开发股份有限公司成立;1986 年,蛇口工业区在内部结算中心的基础上创办了招商银行。蛇口模式也为中国其他地区推行改革开放奠定了重要的理论及实践基础。

蛇口工业区创造出多项全国之最的经济体制改革。1981 年,蛇口工业区率先实行招聘用人,并率先实行干部聘用制;1983 年,蛇口工业区率先打破平均主义"大锅饭",进行工资改革,实行岗位工资,并实行职工住房商品化改革。袁庚主持招商局工作期间,招商银行、招商地产、招商港口等业务在蛇口创立并发展壮大,为招商局集团留下了敢闯、敢干、敢创的改革基因,更为中国的改革开放开了路。

蛇口工业区是中国首个对外开放的工业园区。在那个年代,蛇口工业区创下了建设园区的宝贵经验。例如,在较短时间内完成工业区"五通一平"(通水、通电、通车、通航、通信及平整土地)工程,充分体现了"时间就是金钱,效率就是生命"和敢闯敢试的"蛇口精神"。在当时,蛇口工业区就给自己定下了"规矩":技术陈旧落后的不引进,生产环节产生环境污染的不引进,与国家争抢出口配额的不引进,劳动密集型的不引进等。这几个"不引进"在今天都是先进的理念和做法。

科技园区是为了加快科技成果研发和产业化,工业园区则是为了引进、建设高水平产品量产项目。蛇口工业区的发展定位是:产业以工业为主,资金以外资为主,产品以出口为主。这是改革开放以后,中国各地建设工业园区大致相似的基本定位。在北京、上海、广州和天津等工业发展有一定基础的大城市,工业园区同时成为转移中心城区工厂的场所。

6.1.3 深圳湾科技园区是我国最具代表性的高水平园区

"北有中关村,南有深圳湾",说的是中国两个最具代表性的科技园区。中关村科技园区由"大院大所"模式发端,深圳湾科技园区肇始于"自主创新"模式。时至今日,深圳自主创新模式的特征集中表现在三个方面:第一,企业是科技创新的主体,并且出现了更多的从生产型、服务型企业转型而来的科技型企业;第二,科技型企业的创新链延伸到基础研究和应用基础研究,整合了创新链全流程;第三,科技型企业打通并衔接了科技创新与产业创新,战略性新兴产业和未来产业得以较好较快发展。

深圳湾科技有限公司原董事长邱文在《深圳创新密码:重新定义科技园区》一书中专节讲述"深圳湾科技园区的由来"。在此摘录其中几个重要节点,以厘清深圳湾科技园区的发展逻辑,以及自主创新模式在这个过程中的体现。

第一个节点,"1984 年,时任中国科学院副院长周光召院士从美国回来,与时任深圳市主要领导商量,认为深圳应该向美国学习以科技园区发展科技产业的经验,得到了深圳市领导的高度认同"①。

第二个节点,"1985 年,由深圳市政府和中国科学院共同创办的深圳科技工业园总公司在现在的深圳高新区中区正式成立,成为中国较早的科学园区,这也是深圳高新区最早的起源,同时也是深圳走向科技产业的第一步"②。

第三个节点,"1993 年,为进一步推动科技园区发展,时任深圳市主要领导提出建设高新技术工业村支持民营科技企业发展,并在市经济发展局下成立了深圳高新技术工业村发展公司,共组织了 23 家重点民营科技企业进驻高新技术工业村。之后深圳高新技术工业村发展公司经过历次改革及划转,最后成为深圳湾科技的下属公司(划转前已更名为深圳高新区开发建设公司)。因此,从一定意义上来说,深圳高新技术工业村发展公司可以称为深圳湾科技的前身"③。

第四个节点,"深圳高新区于 1996 年正式报批成立……深圳高新区以占全市不到 0.6% 的土地面积创造了约 10% 的 GDP,诞生了华为、中兴通讯、腾讯等诸多知名企业,成为全国创新资源最为集聚、创新成果最为显著、创新氛围最为浓郁、创新环境最为优越的区域之一。20 多年来,深圳

---

① 邱文.深圳创新密码:重新定义科技园区[M].北京:清华大学出版社,2021:2.
② 邱文.深圳创新密码:重新定义科技园区[M].北京:清华大学出版社,2021:2-3.
③ 邱文.深圳创新密码:重新定义科技园区[M].北京:清华大学出版社,2021:2-3.

高新区成为深圳创新发展的名片,成为深圳高新技术产业发展的旗舰。位于深圳高新区的深圳虚拟大学园汇聚了 50 多所海内外著名院校,依托大学的人才和技术,成为深圳高层次人才培养、重点实验室建设、科研成果转化和产业化基地。由政府兴办的国家 IC 设计深圳产业化基地、深圳国家电子工试中心、国家超级计算深圳中心、虚拟大学园孵化器、留学生创业园等聚合创新资源,推动了大量中小科技企业快速成长"[1]。

第五个节点,"2011 年,深圳市政府计划将深圳高新区最后的黄金地块出让给市属国企,用于开发建设深圳湾科技园区,并计划将正在建设的两个政府重点科技园区同步移交市属国企开发运营。这一举打破了传统的主要以直接出让给个别科技企业的用地模式,能够在有限的土地资源上建设更多的优质产业用房,支持更多中小创新企业发展。……在时任深圳市政府主要领导及分管领导的主导下,项目最终还是确定由'深投控'承接"[2]。

邱文在《深圳创新密码:重新定义科技园区》中提到:"如果当年没有市政府力主市场化、专业化开发深圳湾科技园区,而是按传统方式出让土地,或者继续按照政府投资建设科技园区的模式进行开发,那今天的深圳高新区又会是怎样一番境况呢?"这个结果不好预测。但深圳市场化、法治化大环境,终将催生出与园区发展相适应的模式。这就是今天我们看到的深圳湾科技园区模式。

深圳湾科技园区的诞生,意味着深圳高新区逐步走向产业生态创新的全新阶段。邱文认为,深圳湾科技园区有两点非常重要:一是园区开发运营模式;二是用地模式改革。这是深圳湾科技园区独树一帜的基本点。他将中国科技园区的组织模式归为三种。第一种是政府及政府园区平台模式,包括少数纯财政投资模式,大多是政府园区平台模式,最典型的是管委会+园区平台公司模式。第二种是市场化模式,主要包括国企产业地产公司及民营产业地产公司,还有一类混合所有制科技园区公司。第三种是深圳湾园区模式。他强调,深圳湾科技园区"打造园区产业生态系统,构建园区产业资源平台,实行园区产业专业运营,将非常有可能形成创新的科技

---

① 邱文.深圳创新密码:重新定义科技园区[M].北京:清华大学出版社,2021:3.
② 邱文.深圳创新密码:重新定义科技园区[M].北京:清华大学出版社,2021:4.

园区商业模式,也非常有可能形成一个创新的高端服务行业"。这个"高端服务行业"就是我们现在所说的"产业园区行业"。

专栏5

《深圳创新密码:重新定义科技园区》

邱文在担任深圳湾科技有限公司董事长期间,繁忙工作之余,撰写力作《深圳创新密码:重新定义科技园区》。他在自序中写道:"本书之所以以'重新定义科技园区'为名,其实是希望从创新的角度思索新生事物,有效带动科技园区行业创新发展,主动迎接科技园区真正的黄金时代来临,并希望科技园区这个独具社会主义市场经济特色的科技产业平台,为中国式创新做出更大的贡献。"这是他写作这本书的初心。

有三位来自不同方面的人士为这本书作序。序一的作者田涛先生认为,深圳的科技园区是深圳奇迹的一张名片,也是中国对外开放、对内改革的一张最亮丽的名片。这本书是关于深圳、关于深圳科技园区、关于华为等世界领先科技企业以及关于深圳成千上万家中小科技企业成长逻辑的系统解码,堪称扛鼎之作。

序二的作者黄群慧先生回答了一个大家都感兴趣的问题:深圳的政府和市场在促进企业创新方面的有效结合点在哪里? 或者说政府既要尊重企业的创新主体地位,又要引导和促进市场创新行为的政策着力点、抓手在哪里? 本书给出了一个很好的答案——在于科技园区建设。

笔者是序三的作者。笔者认为,研究科技园区,尤其是深圳湾科技园区,要从深圳说起。在这四十多年,深圳到底依凭什么形成了不同于其他城市的独特优势,进而产生了强劲的内生动力? 仅仅说因为它是一个特区,有体制优势,恐怕不足以服人,特区不止它一个;说它有区位优势,毗邻香港,面向珠三角腹地,有着天然良港、宜人气候和环境,但这些是有利于发展的充分条件,具备这些条件的城市也不止深圳一个。体制优势是"天时",即 1978 年改革开放和 1980 年设立特区;区位优势是"地利",上述条件确实难得。但是,没有"人和",一切都是未知数。那么,深圳的"人和"是什么?是它的文化优势。它的特殊体制和优越区位,使一批冒险家、失意者涌入这里。移民和他们身上特有的自力更生精神在这里汇聚,形成了不可多得的创新文化。深圳地处珠三角,是岭南文化的亚文化——广府文化涵盖的地域,广府文化是务实低调的文化。移民的创新文化叠加地域的务实文化,结果就是血脉偾张的创业创新活力,就是完善包容的创新和产业生态,就是高居榜首的新兴产业产出。因此,这座年轻的城市在科技创新资源缺乏的背景下,孕育了独特的科技园区,走出了一条以企业(家)自主创新为源头和动力,以产业创新积累财富、反哺并推动科技创新的道路。

(资料来源:笔者整理。)

6.1.4　产业园区多元化与产业园区行业形成

现在,一般都将科技园区、工业园区、近年来发展起来的文化创意园区及其他专业性园区等,统称为产业园区。园区开发(规划和建设)、管理、运营和投资等主体组建的企业,构成了产业园区行业。这是严格意义的产业园区行业。调研发现,在目前的产业园区行业组织中,除了上述园区企业,园区内各行各业的企业也加入了产业园区的行业组织。在深圳"一业多会"的情况下,园区行业组织和其他行业组织一样,往往就是一个会员企业平台,企业自愿加入,行业组织为它们提供各种服务,各取所需,相得益彰。一位产业园区行业组织的资深人士说,可以从狭义和广义来定义产业园区行业。上述的第一种情形是狭义的产业园区行业,第二种情形则是广义的产业园区行业。本书研究狭义的产业园区行业,但是,在社会主义市场经济的大背景下,只要企业有需求,且有利于发展,广义产业园区行业组织就有存在的理由。

专栏 6

深圳市产业园区协会

深圳市产业园区协会成立于 2018 年,是由深圳市从事产业与园区相关的龙头企业组成的跨行业、综合性社会组织。2023年协会的会员企业单位约有 300 家,主要成员有研祥集团、华坚集团、星河集团、铭可达、高新奇集团、心里程控股、金雅福、美的集团、深福保集团、科力尔电机、中建集团、航天建设集团、中冶集团、港华燃气、南方电网、华强集团、万科企业、万天控股、奋达科技、衡佳集团、中盛世、中国水业、欧普照明、奥飞数据等世界500 强、中国 500 强、上市企业及行业领军企业。2023 年,协会与会员企业已开发运营系列产业园区近 2 000 个,入园企业超过10 万家,涵盖电子信息、智能制造、生物医药、物流商贸、新材料、新能源、大健康等产业业态。

协会先后创办了高科技产业园区博览会、前沿科技论坛、园区经济发展论坛、产业园区创新峰会暨 500 强企业沙龙、产城融合创新峰会、珠三角产业投资洽谈会、人工智能无人系统产业园发展论坛、粤港澳大湾区产业·园区高质量发展峰会等系列品牌活动;承接了贵州省《黔粤产业合作"四加"研究报告》,以及福田区政府《粤港澳大湾区·深莞产业地图及园区模式创新白皮书》、"新产业新空间 新服务——新型都市产业园区研究"课题、产业专项资金政策宣讲会、商协会沙龙等活动。协会获得 2020 年福田辖区商协会活力评估第 30 名,2021 年深圳市社会组织百年党建优秀案例、2021 年深圳市"四好"商会、2022 年福田辖区商协会活力评估第10 名。

未来,协会将持续助力深圳建设全球产业园区发展新高地,推进粤港澳大湾区树立高质量发展新标杆。

(资料来源:深圳市产业园区协会供稿。)

6.2　深圳产业园区行业的重要特征

　　与其他一、二线城市相比,深圳产业园区的强项在科技园区。成功建设和发展科技园区,是深圳历经 40 多年成为创新之城的主要原因之一。研究表明,深圳产业园区行业的精华在科技园区,它的重要特征表现在创新和产业生态、创新集群和专业化运营,以及市场与政府有效协同等三个方面。

6.2.1　创新和产业生态是深圳产业园区行业的核心价值

　　产业园区尤其是科技园区,其根本的竞争力,或者说核心价值,在于创新和产业生态。就像大学的核心价值不在大楼,而在大师,园区的核心价值不在空间,而在生态。那么,创新和产业生态是怎么形成的?

　　和自然(界)生态一样,创新和产业生态首先要有"物种"。这里,物种包括两种形态:一是主体,如移民和他们的初创企业;二是产品(服务)。主体和产品密不可分。以深圳为例。成为经济特区后,深圳吸引了大量移民。但这里原本没有产品,亦即没有产业资源,移民主要靠做来自香港的贸易代理赚取佣金。具有企业家精神的移民不满足于此,开始创建工厂生产产品,替代进口。随着生产规模的扩大,产品技术要求的提高,企业开始做研发。贸—工—技模式及相应的生态逐渐形成。在这个生态中形成了若干个产品,华为的通信设备,比亚迪的电池和新能源车,大疆的无人机,迈瑞的医疗器械,腾讯的社交、游戏和支付服务,由此,创新和产业生态日渐成熟,相关主体聚集于此,产业链、产品(配套)链、供应链、服务链得以构建。

　　深圳创新和产业生态的早期解释是"小政府"。小政府给企业和其他组织以很大的空间,就像不同于其他城市的行业组织,是生态中颇具特色、极具活力的"物种"。在深圳的创新和产业生态中,除了初创企业、科技型企业、供应商、金融机构、政府、高等院校和科研机构,行业组织是特殊的存在。在较早实行"一业多会"的背景下,深圳的行业组织间也形成了竞争关系,进而为企业提供多方位服务,深受企业欢迎。

如果说深圳已经形成了孕育产品、行业和业态的创新和产业生态,在中国的其他地方,尤其是在县域,还有产品孕育生态的案例。例如,小商品集散地浙江义乌,经过多年发展,形成了小商品研发、设计、生产、贸易、流通的创新和产业生态。这类小商品如服装、箱包、羊毛衫、小五金等,在很多县城、乡镇形成了基于产品的创新和产业生态,似是另一种生态生成逻辑。在这种生态中,主体大多是当地居民和他们创办的小微企业,形成过程中会有移民加入。产品是这种生态的逻辑起点,由此演化并深化,形成了创新和产业生态,使基于小商品的产业和市场越做越大。主体和产品有效互动,是创新和产业生态生成并成功的重要理由。

专栏7

产品孕育的生态

义乌地处浙江中部,人口不到 200 万人,却是全国 GDP 百强县前十名的"常客",拥有 13 个国家级产业基地、1 个国家级经济技术开发区、1 个省级产业集聚区。2023 年,义乌 GDP 首次突破2 000 亿元,市场经营主体突破百万户,总量达到 105.46 万户,增长了 17.4%;电商主体突破了 60 万户,占浙江全省的 1/3,快递业务量达 105.8 亿件,增长了 13.8%,占全国的 1/12。2024 年一季度,义乌国际商贸城日均客流量超过 21 万人次,日均接待外商 3 523人,同比增长 160.2%,景气度高于 2019 年及 2023 年同期水平。这些数据,大致反映了这座从小商品起家的城市的概貌。

类似的县城、小城市及其产品还有很多,山东曹县的汉服、马面裙,河北清河的羊绒制品,河北白沟的箱包制品,福建晋江的鞋制品,江苏丹阳的眼镜,浙江慈溪的取暖器,浙江诸暨的袜子,湖南浏阳的烟花,等等。

千万别以为县城产业只停留在低端制造业,其高端制造业也不容小觑。从汽车制造到轮船制造,再到航空航天、核工业,上天入地下海,哪里都有县城产业的身影。"中国第一县"昆山的通信设备、计算机及其他电子设备产业集群已经达到千亿元级别,还拥有12个百亿元级产业集群,分别涉及专用设备制造业、汽车制造业、橡胶和塑料制品业等。江阴市更是流传着"村比镇富,镇比县富"的神话,全国500强里有9家企业在这里落地,此外还遍布新能源、集成电路、高端装备、生物医药等高科技新兴产业。江苏靖江是我国最大的民营造船基地。中国造船业国际市场份额连续13年位居全球第一,江苏靖江功不可没,在这里,最快40多天就能出厂一艘船,其造船实力碾压日本。"东北第一县"瓦房店是中国最大的轴承生产基地,这里生产的轴承小到用于铁路、货车,大到用于核工业、坦克、航母,凡是需要转动的地方都能看到瓦轴的身影。

这些市镇之所以能够做大一类或几类商品,是因为它们基于商品形成了从原料、研发、设计、加工、销售、物流的产品链、供应链、服务链,也就是形成了产业生态系统。与此同时,当地政府在招商引资、人才引进、公共服务和营商环境等方面做了很多工作,完善了基于产品的产业生态。这是一类不可忽视的产业生态。

资料来源: ① 总统马克龙,估计要被中国县城震撼到了[EB/OL].[2024-04-27].视觉志,https://mp.weixin.qq.com/s/yccJP3AAG-Qozw9hSXMfjQ; ② 义乌,大爆单[EB/OL].[2024-04-17].华商韬略,https://mp.weixin.qq.com/s/LGoffaMA3kcUC2Pn5bz0aQ.

6.2.2 创新集群和专业化运营是深圳产业园区行业的制胜法宝

创新集群和专业化运营互为支撑,是深圳产业园区行业的制胜法宝。在产业园区与城市发展的关系中,有一个重要节点是创新集群。创新具有集群的空间特征,这是被创新实践证明,也是被实证研究证实的事实。所谓创新集群,就是某个物理空间聚集着别的地方难以模仿的创新资源,并由此培育新创企业和新兴产业。创新高度集群,在美国是如此,如旧金山湾区、纽约湾区;在中国亦是如此,如粤港澳大湾区和长三角中心区。从世界范围或一个大国来看,这就是创新区位的问题:是不是所有地方都可以形成创新集群？答案是否定的。这是因为，创新需要若干必要条件和充分条件，如人才、资本、基础设施、创新生态，甚至气候，不是每个地方都具备这些条件。这些要素和条件同时存在、均衡配置，要求近乎苛刻。因此，创新集群一般生成于中心城市及周边城市的科技园区，分布于世界为数不多的地方，就像旧金山、深圳等城市。在世界知识产权组织、康奈尔大学和欧洲工商管理学院每年发布的《全球创新指数》(GII)中，"深圳—香港—广州"创新集群已连续多年位列全球百强科技集群的第二位。深圳作为大湾区创新中心城市，在这个集群中处于特殊地位，其科技园区在其中担纲重要使命，成为推动创新驱动和高质量发展的生力军。

产业园区的发展实践表明，园区生态和园区资源都将在专业化运营的条件下得以形成、集聚并有效发挥作用。"所谓专业的园区运营，就是要将园区静态的产业资源变成潺潺活水，成为有机的产业生态资源，支撑园区企业成长的速度更快、成功的概率更高。而园区本身则将演变成为产业资源平台，并使园区内的所有资源都创造出更大的价值，这种园区运营，才称得上是高品质产业运营。"①可见，专业化运营是产业园区能否持续发展的"命门"。深圳的产业园区之所以能够较多地孕育科技型企业、独角兽企业，是因为产业园区较好地实现了专业化运营。这也是深圳产业园区，尤其是科技园区不同于大部分城市产业园区的重要特征。

深圳湾科技园区是深圳产业园区专业化运营的先行者和领军者。它在独特的产业空间和资源的基础上，强化产业生态系统及园区资源平台构建，打造科技园区产业生态运营新模式，形成了科技园区的深圳湾标准。园区已组建集产业资源系统、专业服务系统、公共服务系统和商务服务系统于一体的园区产业创新生态系统，为园区企业创新发展提供全方位的资源服务，并已打造出一支具备专业化运营能力的服务团队。高品质产业运营已成为深圳湾科技园区的核心竞争力。在高品质产业运营阶段，园区平台公司的行业属性就将发生质的变化，越来越不像地产公司，进而成为行业专业机构、资源交易平台、创新投资机构、大数据公司、人工智能公司、金

---

① 邱文.深圳创新密码：重新定义科技园区[M].北京：清华大学出版社，2021：35.

融服务公司,甚至信用平台。因此,到了这个阶段,科技园区就真正与地产行业脱了干系。

6.2.3　市场与政府有效协同是深圳产业园区行业发展的"真经"

无论从哪个角度说起深圳过去 40 多年发展形成的优势,人们都不会漏掉市场化优势。前面说到的,由于深圳经济特区建在边陲小镇,本来政府就小,特区体制又要求"小政府"模式,这就给其他"物种"以很大的发展空间、腾挪空间。创业者和小企业在这个空间游刃有余,自不必说;具有深圳特色的行业组织,在企业和政府之间所起的积极作用,也是其他城市很少有的。市场化的内涵就是有足够多的市场主体,以及它们的自由决策(分散决策)和公平竞争。

深圳的市场化优势内含着政府的积极作为、有效作为,这在科技型企业和科技园区发展的过程中得到充分体现。我们通过两份深圳市政府文件和在这两份文件影响下成立的企业,看市场与政府有效协同对深圳创新和产业生态,以及头部企业、链主企业产生的作用。

1987 年 2 月,深圳市人民政府正式公布第 18 号文件《关于鼓励科技人员兴办民间科技企业的暂行规定》。这是我国首个鼓励科技人员以"个人所拥有的专利、专有技术、商标等工业产权作为投资入股"创办民营科技企业的"红头文件"。其宗旨是"充分发挥科技人员的积极性,促进科研与生产直接结合,发展外向型的先进技术特别是高技术企业"。而"民间科技企业在自愿的原则下,可吸纳海外投资者和涉外企业的股份",民间科技企业不仅"享有其他类型企业的同等权利",在税务减免、申请贷款、外贸内销上还享受优惠政策。华为技术有限公司就在这一年注册成立了。只要提及华为的创业史,任正非就会发出感叹:"如果没有十八号文件,我们就不会创办华为。"[①]

1998 年 1 月,深圳市政府发布了 29 号文件《关于进一步扶持高新技术产业发展的若干规定》。"这就是当时在全国产生轰动影响的高新技术

---

① 陈启文.为什么是深圳[M].深圳:海天出版社,2020:67.

产业发展的'二十二条',为科技创新提供土地、资金、税收、财政补贴等优惠政策,有效降低创新的门槛,推动创新成果产业化,扩大创新的获利空间。这一决策,充分发挥了深圳改革开放先行一步形成的体制机制优势,再次吸引了国内外自主创新的资源。"①有人说,1998 年是深圳市扶持和推进高新技术产业的发力之年。无独有偶,1998 年也是中国互联网黄金时代的开启之年。腾讯也就在这一年,在深圳悄然出生。马化腾后来说:"在(深圳)这座开放创新、充满机遇的城市里,我赶上了互联网快速发展的时代,萌发了通过互联网改变人们生活的梦想,从而踏上了创业的道路。"②在扶持和推动创业创新、建设科技园区和发展战略性新兴产业的过程中,深圳市政府的作用不是对企业行为的管制和干预,而是提供实实在在的支持和帮助,切实有效地改善环境、完善生态,因此,政府的作用是正面的、积极的。

6.3 深圳产业园区行业的挑战和机遇

科创资源继续在向深圳集中,已有的创新和产业生态,正在形成更大的发展空间。深圳产业园区行业的发展具有典型性,但是,它们面临的问题和矛盾也具有代表性。尽管如此,深圳产业园区行业发展充满机遇,未来可期。

6.3.1 深圳产业园区行业面临的问题和矛盾

一是土地资源紧张与产业空间拓展的矛盾。深圳作为人口密度高、经济活动密集的一线城市,土地资源极其有限。以深圳南山科技园为例,其土地使用率接近饱和,但随着园区内企业规模的扩张和新企业的涌入,对产业空间的需求日益增加。2022 年,南山科技园内企业数量较 2018 年增长了 30%,但新增可用土地面积却几乎没有变化,导致租金成本上升,部分企业因空间限制而选择迁出或暂缓其扩张计划。

---

① 邱文.深圳创新密码:重新定义科技园区[M].北京:清华大学出版社,2021:179.
② 邱文.深圳创新密码:重新定义科技园区[M].北京:清华大学出版社,2021:179.

二是产业结构升级与传统园区转型的矛盾。深圳正从劳动密集型产业向高技术产业转型,但一些传统工业园区的设施和布局难以适应新型产业需求。蛇口工业区曾是劳动密集型产业的代表,其转型升级面临高昂的改造成本。据统计,2019—2023年,蛇口工业区为改造旧厂房、提升基础设施和引进高新技术企业,累计投入资金超过200亿元,而部分改造项目回报周期长,转型难度大。

三是资源环境制约与可持续发展的矛盾。随着产业园区的密集发展,生态环境压力增大,资源消耗和污染问题凸显。如宝安区一些早期的工业园区,由于初期规划不足,存在严重的水资源浪费和空气污染。深圳市环保局2021—2023年的数据显示,宝安区工业废水排放量占全市的比例逐年下降,但仍高达25%,表明虽有改善,但环境治理任务艰巨。

四是人才竞争加剧与配套服务不足的矛盾。深圳作为创新高地,对高端人才的吸引力强,但周边城市的竞争及生活成本的上升导致人才流失。深圳湾科技园区虽汇聚众多科技企业,但高房价、教育资源紧张成为隐忧。据2023年深圳市人才发展报告,虽然引进高层次人才数量年增长8%,但人才流失率较2021年增加了2个百分点,其中,生活成本和子女教育问题是主要影响因素。

五是园区运营管理与现代服务体系的滞后。部分园区在管理和服务体系上未能与时俱进,与国际水平存在差距。比如,招商蛇口网谷园区虽然在创新服务上有所尝试,但对比国际一流园区,其在金融服务、知识产权保护、科研成果转化方面的支持仍有待提升。一项针对园区企业的调查显示,2022年,有近60%的受访企业反映,园区在创新服务支持方面存在不足,特别是融资渠道和知识产权服务。

6.3.2　深圳产业园区行业发展的途径与趋势

一是产业链整合与产业集群构建。深圳产业园区正致力于打造完整的生态化产业链体系,将重点产业的上下游紧密连接,形成具有高度协同效应的产业集群。以深圳宝安区为例,通过整合新能源汽车产业链,从关键零部件到整车制造,形成了一体化的产业集群,促进了技术交流和资源共享,增强了整体竞争力。这种模式有助于培育和强化如新能源、高端装备、生物医药、新材料、新一代信息技术等战略性新兴产业的世界级产业集群。

二是结构优化与产业升级。深圳产业园区积极推动产业结构优化,加速从传统制造业向先进制造业、现代服务业及高技术产业转型。如龙岗区通过政策引导和资金支持,促使园区内企业进行技术改造和产品升级,淘汰落后产能,同时吸引科技型企业入驻,形成创新密集的产业布局。

三是创新驱动与成果转化。深圳产业园区强化企业自主创新,鼓励科研机构与产业深度合作,设立研发平台,推动科技成果快速产业化。如深圳南山科技园,通过与深圳大学、南方科技大学等高校建立产学研合作联盟,促进基础研究向应用转化,加快创新技术的商品化进程。

四是产城融合与空间优化。深圳推动产城融合发展,构建宜居宜业的园区环境,如深圳光明科学城,规划有科研区、居住区、商业区和休闲娱乐设施,形成综合型社区,提升园区的整体吸引力和人才生活质量,促进人才聚集。

五是智慧化与绿色生态。深圳产业园区积极采用物联网、大数据、人工智能等技术提升园区管理效率,打造智慧园区,同时实施绿色建筑标准,推广低碳技术,如前海自由贸易区的绿色建筑群,展现了深圳在绿色生态园区建设的领先实践,为可持续发展树立了典范。

六是制度创新与国际合作。深圳不断创新制度,优化营商环境,如简化审批流程,提供税收优惠,同时加强国际合作,如河套深港科技创新合作区的设立,吸引了国际项目和人才,推动跨境协同创新,构建全球化的创新生态系统。深圳产业园区通过这些途径和趋势,不断深化结构调整,推动高质量发展,保持其在全球创新版图中的领先地位。

通过以上多方面的举措,深圳产业园区不断深化结构调整,实现了从速度增长到质量提升、效益增加的转变,确保产业园区在新的发展阶段保持活力和竞争力,为促进城市和区域经济高质量发展做出新的贡献。深圳产业园区在未来的发展中,将围绕创新驱动、产城融合、智慧化管理、绿色发展、国际合作等核心理念,以适应新时代经济结构转型升级的要求,助力深圳乃至粤港澳大湾区建成具有全球影响力的科技创新中心。

参 考 文 献

［1］HRoot.全球人力资源服务机构 50 强榜单与白皮书［R］.2023.

［2］陈启文.为什么是深圳［M］.深圳：海天出版社,2020.

［3］国家邮政局.2022 年深圳邮政行业发展统计公报［R］.2022.

［4］胡梦然,张智.从山寨之城到设计之都,深圳工业设计十五年蝶变［N］.华夏时报,2023.

［5］李萌.深圳工业设计 40 年［J］.艺术与设计,2020,1(11)：76－81.

［6］邱文.深圳创新密码：重新定义科技园区［M］.北京：清华大学出版社,2021.

［7］深圳市产业园区协会.深圳市产业园区协会纪念特刊 2018—2021［Z］.2021.

［8］深圳市创业投资同业公会党委.关于创投支持科技自立自强专题调研报告［R］.2023－07.

［9］深圳市工业设计行业协会.2023 深圳工业设计发展报告［R］.2023.

［10］深圳市交通运输局.2021 年深圳交通运输工作报告［R］.2021.

［11］深圳市交通运输局.2020 深圳交通年报［R］.2020.

［12］深圳市人力资源和社会保障局.深圳人力资源发展质量指数报告［R］.2021.

［13］深圳市人力资源和社会保障局.深圳市人力资源服务行业骨干企业名单［R］.2020.

［14］深圳市统计局.2022 年深圳经济运行情况［R］.2022.

［15］深圳市统计局.深圳市 2021 年国民经济和社会发展统计公报［R］.2021.

［16］深圳市统计局.深圳市 2019 年国民经济和社会发展统计公报［R］.
　　　2019.

［17］深圳市统计局.深圳市 2020 年国民经济和社会发展统计公报［R］.
　　　2020.

［18］深圳市统计局.深圳市 2022 年国民经济和社会发展统计公报［R］.
　　　2022.

［19］深圳市统计局.深圳市 2023 年国民经济和社会发展统计公报［R］.
　　　2023.

［20］深圳市统计局.图解：2023 年深圳经济运行情况［R］.2023.

［21］探迹大数据研究院.人力资源服务行业发展趋势报告［R］.2024.

［22］熊颖.人力资源服务行业发展报告［M］.北京：中国经济出版社,2022.

［23］张韶辉,徐雅婷,胡天池.深圳创投行业发展历程及战略研究［J］.特区
　　　实践与理论,2024(1)：64－72.